DU …
VERS …

C'est pas sorcier

vacances

2008

Textes

Patricia **Goralezyk**
Professeure spécialisée des écoles

Isabelle **Petit-Jean**
Institutrice

Safia **Amor**
Journaliste

Anglais

Charlotte **Garner** / Jacques **Marcelin**
Diplômée de l'Université de Londres / Agrégé d'anglais

Illustrations

Laurent **Audouin**
Laurent **Lalo** (Anglais)

france 3
Nathan

Sommaire

1- En avant la musique

DÉCOUVERTE — La musique, ça te chante ? .... pages 4-5
FRANÇAIS — Construire des phrases .... page 6
MATHÉMATIQUES — Comparer des nombres .... page 7
FRANÇAIS — Quoi de plus simple que le futur simple ! .... page 8
MATHÉMATIQUES — Bien raisonner .... page 9
JEUX DE LECTURE — Mots fléchés .... page 10
FAIS LE BILAN .... page 11

2- Au temps des pharaons

DÉCOUVERTE — Sur les traces des anciens Égyptiens .... pages 12-13
FRANÇAIS — Reconnaître des phrases .... page 14
MATHÉMATIQUES — Lire, écrire, reconnaître des nombres .... page 15
FRANÇAIS — Écrire avec la ponctuation .... page 16
MATHÉMATIQUES — Reconnaître des polygones et des solides .... page 17
ANGLAIS — Se présenter, citer des pays anglophones .... page 18
FAIS LE BILAN .... page 19

3- Îles ou volcans ?

DÉCOUVERTE — Quand la Terre tremble... .... pages 20-21
FRANÇAIS — Écrire au passé composé .... page 22
MATHÉMATIQUES — Se repérer dans un quadrillage .... page 23
FRANÇAIS — Les différents sens d'un mot .... page 24
MATHÉMATIQUES — Se repérer sur une droite graduée .... page 25
JEUX DE LECTURE — Repérer des informations .... page 26
FAIS LE BILAN .... page 27

4- Sacrés inventeurs

DÉCOUVERTE — Jouons les apprentis sorciers... .... pages 28-29
FRANÇAIS — L'accord sujet-verbe .... page 30
MATHÉMATIQUES — Classer des figures géométriques .... page 31
FRANÇAIS — La bonne terminaison .... page 32
MATHÉMATIQUES — Ranger des nombres .... page 33
ANGLAIS — Nommer les couleurs .... page 34
FAIS LE BILAN .... page 35

ISBN : 978-2-09-186670-3 – N° de projet : 10144052

Dépôt légal : 2008
Conforme à la loi n° 49.956 du 16 juillet 1949 sur les publications destinées à la jeunesse. Imprimé en Italie par Rotolito.

+ Corrigés détachables au centre du cahier

5- Le cheval

DÉCOUVERTE Au galop ! .... pages 36-37
FRANÇAIS Connaître la nature des mots .... page 38
MATHÉMATIQUES Calcul rapide .... page 39
FRANÇAIS Familles de mots .... page 40
MATHÉMATIQUES Additions et soustractions .... page 41
ANGLAIS Parler de ses goûts : les vêtements .... page 42
FAIS LE BILAN .... page 43

6- Autour du monde

DÉCOUVERTE Nous sommes six milliards sur Terre ! .... pages 44-45
FRANÇAIS Écrire à l'imparfait .... page 46
MATHÉMATIQUES Multiplier .... page 47
FRANÇAIS Écrire le féminin .... page 48
MATHÉMATIQUES Lire l'heure .... page 49
JEUX DE LECTURE Lire un texte .... page 50
FAIS LE BILAN .... page 51

7- Galerie de portraits

DÉCOUVERTE Quels artistes ! .... pages 52-53
FRANÇAIS Écrire des phrases au pluriel .... page 54
MATHÉMATIQUES Calcul rapide .... page 55
FRANÇAIS Écrire des mots au pluriel .... page 56
MATHÉMATIQUES Construire des figures géométriques .... page 57
ANGLAIS Demander et dire à qui appartient une chose .... page 58
FAIS LE BILAN .... page 59

8- Sports passion

DÉCOUVERTE Pour finir comme sur des roulettes... .... pages 60-61
FRANÇAIS Préfixes et suffixes .... page 62
MATHÉMATIQUES Mesurer des longueurs .... page 63
FAIS LE BILAN .... page 64

Deux oreilles pour entendre

Le son est une onde invisible. Les vibrations arrivent sur le pavillon de ton oreille, elles passent dans le conduit auditif et frappent le tympan. Ensuite, elles sont transformées en signaux qui voyagent jusqu'au cerveau.

Quelle voix !

Sais-tu que tu portes en toi le plus bel instrument de musique au monde ? La voix prend naissance dans le larynx. Deux muscles s'y cachent : ce sont les cordes vocales. Quand tu parles ou quand tu chantes, tes poumons chassent l'air vers le larynx. L'air presse les cordes vocales et les fait vibrer.

1 En avant la musique

À chacun son style de musique : classique, jazz, rock, reggae, techno, rap, variété…

Qui dirige un orchestre ?

Le chef d'orchestre donne la mesure avec sa baguette. L'orchestre comprend trois familles d'instruments : les instruments à vent (trompette), à cordes (violon) et les percussions (tambour). Imagine cent musiciens : sans chef d'orchestre, chacun jouerait à son rythme. Ce serait la cacophonie !

Je suis le plus bel instrument de musique au monde. Tu me portes en toi et, pourtant, nul ne m'aperçoit. Qui suis-je ?

➤ ……………………………………

Construire des phrases

mémo

Fred : Moi, faire des phrases, Jamy, ça me donne des maux de tête !
Jamy : Pourtant Fred, c'est simple : en règle générale, une phrase, c'est un sujet et un verbe.
Si tu veux, tu peux ensuite ajouter des compléments :
- **d'objet direct** (COD) : *J'écoute le chant.*
- du **nom** (C du nom) : *J'écoute le chant des oiseaux.*
- de **lieu** (CC de lieu) et de **temps** (CC de temps) : *J'écoute le chant des oiseaux le matin dans la forêt.*

CC de temps — CC de lieu

1 **Complète les phrases avec le complément du nom qui convient.**

orchestre – concert – rock

Je dirige les musiciens en donnant la mesure avec une baguette.
Je suis le chef d'orchestre.
Nous utilisons des instruments électriques.
Nous sommes un groupe de ______________.
Je joue en pinçant quarante-sept cordes avec mes doigts.
Je suis une harpiste de ______________.

2 **Observe l'exemple. Puis construis les phrases avec des compléments pour décrire l'ambiance sonore de la photo.**

- J'aime écouter (quoi ?) le souffle du vent.
- Cela se passe (où ?) dans un champ d'oliviers.
- Cela se produit (quand ?) un très bel après-midi d'été.

- J'aime écouter ______________
- Cela se passe ______________
- Cela se produit ______________

Joues-tu d'un instrument de musique ? oui ❑ non ❑

Comparer des nombres

mémo

Fred : C'est quoi, Jamy, ces becs de canards **<** **>** ?
Jamy : Fred, écoute :
• pour indiquer qu'un nombre est **plus grand** que l'autre, on utilise le signe **>** : *8 721 > 8714*.
• pour indiquer qu'un nombre est **plus petit** qu'un autre, on utilise le signe **<** : *8714 < 8 721*.
• Enfin, pour comparer les nombres *8721* et *8714* : compare d'abord le chiffre des milliers des deux nombres ; si l'un des chiffres des milliers est plus grand que l'autre, tu sais tout de suite quel nombre est supérieur. Sinon, compare les chiffres des centaines, puis ceux des dizaines, et enfin ceux des unités. Ici, *8721 > 8714*.

1 **Utilise le signe < ou > pour comparer les dates de naissance de ces compositeurs célèbres.**

Mozart		Bach
1756	......	1685

Beethoven		Chopin
1770	......	1810

Bach		Haydn
1685	......	1732

2 **Lis la phrase et entoure la bonne réponse.**

Serge Prokofiev a composé la musique de *Pierre et le Loup* en 1936.

3 **défi**

Écris les résultats, puis retrouve le mot en utilisant les syllabes correspondant aux nombres inférieurs à 6 500.

6 400 + 50 + 8 = ______________ ➤ **bat**
6 600 + 100 + 5 = ______________ ➤ **tim**
6 000 + 400 + 30 + 2 = ______________ ➤ **te**
(6 x 1 000) + (5 x 100) + (7 x 10) = ______________ ➤ **cou**
(6 x 1 000) + (3 x 100) + (4 x 10) + 8 = ______________ ➤ **rie**

____

Quel genre de musique aimes-tu écouter ? ______________

Quoi de plus simple que le futur simple !

mémo

Fred : Conjuguer au **futur simple**, c'est vraiment facile Jamy ! Les terminaisons des verbes sont identiques pour les trois groupes verbaux.
Jamy : C'est vrai, Fred, quoi de plus simple que le futur simple !
Rappelle-toi : écris d'abord le verbe à l'infinitif. Puis ajoute les terminaisons.

je	*chanter**ai***	*nous*	*chanter**ons***
tu	*chanter**as***	*vous*	*chanter**ez***
il/elle/on	*chanter**a***	*ils/elles*	*chanter**ont***

Mais attention aux verbes du 3e groupe ! Leur radical change parfois : *j'irai, je viendrai.*

1 **Écris les bonnes terminaisons.**

Le musicien jouera de la batterie.

Nous interpréte_____ une mélodie.

Elles obtiend_____ un son grave.

Tu tend_____ les cordes de ta guitare.

On écri_____ une musique de film.

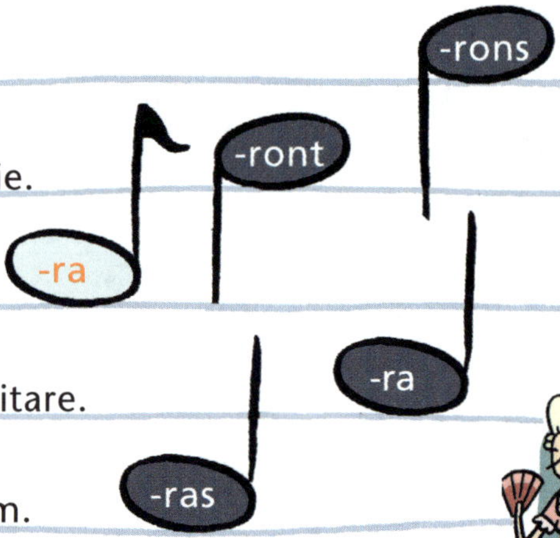

2 **Complète les phrases en conjuguant les verbes au futur.**

jouer – être – apprendre – devenir – aller

Le rêve du petit Mozart

À l'âge de 4 ans, je jouerai du clavecin comme ma sœur.
Puis, mon père m' _______________ le violon.
À 6 ans, je _______________ capable d'inventer un air de danse.
À 7 ans, avec mon père, nous _______________ donner notre premier concert devant l'empereur d'Autriche.
Je _______________ très célèbre.

As-tu un compositeur de musique préféré ? oui ❑ non ❑

Bien raisonner

mémo

Jamy : Il peut y avoir plusieurs raisonnements pour un même problème. Parfois, la multiplication se calcule plus facilement que l'addition… À toi de voir ! Mais au final, on obtient le même résultat, quelle que soit la démarche choisie.

Fred : En clair, Jamy, le principal, c'est d'y arriver, quel que soit le chemin !

1 **Quel instrument est le plus lourd des trois ? Souligne ta réponse.**

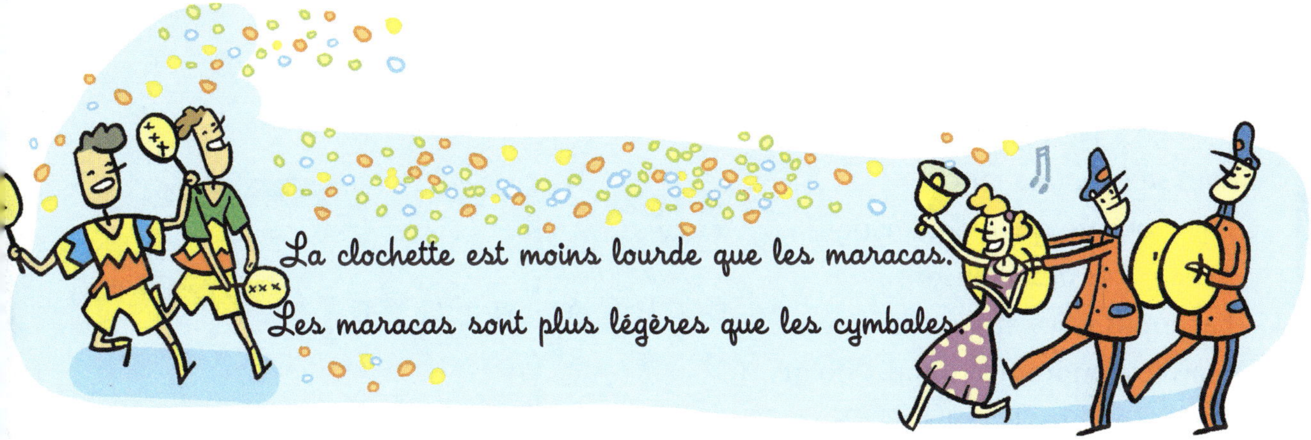

2 **Une famille achète trois places adultes et quatre places enfants pour aller à un concert. Deux raisonnements sont possibles pour calculer leur dépense totale. Observe le premier raisonnement, puis trouve le second.**

1er raisonnement	2e raisonnement
25 + 25 + 25 = 75 €	25 x 3 = ________ €
13 + 13 + 13 + 13 = 52 €	______ x ______ = ______ €
75 + 52 = 127 €	______ + ______ = ______ €

Es-tu déjà allé(e) au concert ? oui ❑ non ❑

Musique !

MOTS FLÉCHÉS

1 Cherche dans la chanson les mots qui riment. Écris-les dans la grille.

J'ai la guitare qui me démange
Alors je gratte un petit peu [...]

Ça fait du bien dans les phalanges
Mais ça fait pas très sérieux
Y'a rien à faire pour que ça change
Faut se faire une raison
J'ai la guitare qui me démange
Alors j'écris des chansons
J'ai appris à lire et à écrire
Mais je compte sur mes dix doigts
Pour composer le doux délire
À partir de n'importe quoi

J'ai la guitare qui me démange
Alors je gratte un petit peu [...]

Yves Duteil, « J'ai la guitare qui me démange », *Vos préférences*, avec l'aimable autorisation de EMI Music Publishing France SA/Éd. de l'Écritoire.

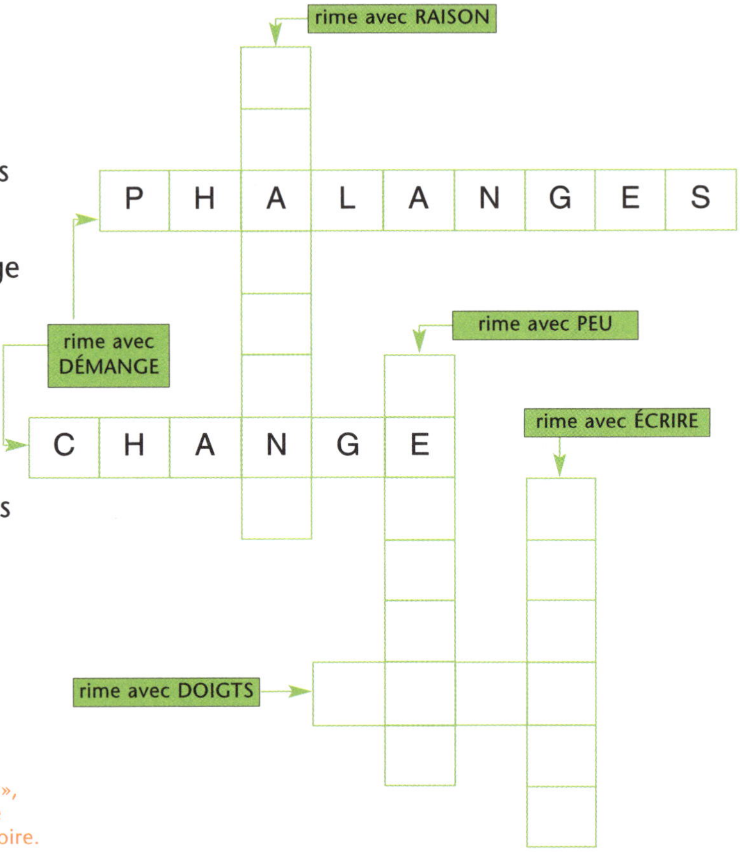

2 Devine la charade et écris ta réponse.

– Mon premier est « vivre » à l'impératif, 2e personne du singulier.
– La 15e lettre de l'alphabet est mon second.
– Mon troisième est le contraire de court.
– Mon tout est un instrument à cordes.

____

Écris ton total
………/10 points

1 **Complète la phrase avec des compléments.**

______ (CC de temps) j'allume la radio et j'écoute ______ (COD) ___ /1

2 **Vrai ou faux ?**

1836, c'est le triple de 600. Vrai ❑ Faux ❑ ___ /1

3 **Conjugue les verbes au futur.**

Plus tard, je *(être)* ______ chanteur. Je *(jouer)* ______ de la guitare. Mes copains et moi, nous *(avoir)* ______ du succès. ___ /1

4 **Trouve deux mots qui riment avec chanson.**

______ ______ ___ /1

5 **Utilise le signe « plus grand (>) » ou « plus petit (<) ».**

9240 5687 3904 9340 2707 2070 ___ /1

6 **Calcule.**

(7 x 1 000) + (5 x 100) + (4 x 10) + 2 = ______ ___ /1

7 **Range du plus grand au plus petit.**

2010 6300 6030 2100 ___ /1

8 **Vrai ou faux ?**

Tu parles et tu chantes en faisant vibrer tes cordes vocales.

Vrai ❑ Faux ❑ ___ /1

9 **Qui dirige un orchestre ?**

______ ___ /1

10 **Souligne les instruments à vent.**

guitare trompette flûte batterie piano ___ /1

Je suis un instrument à vent, tu peux souffler dans mon bec. Qui suis-je ?

Réponse : Une flûte

La plante sacrée

Le papyrus est la plante qui pousse au bord du Nil, le fleuve sacré des Égyptiens. Ils l'utilisaient pour fabriquer leur papier, mais aussi des sandales, des cordes…

À l'aide de cet alphabet égyptien, écris ton nom en hiéroglyphes dans le cartouche.

Le génie de Champollion

Une pierre gravée, qu'on appelle pierre de Rosette, a permis à Champollion de déchiffrer les hiéroglyphes en 1822. Comme le même texte y est gravé en grec et en hiéroglyphes, il lui a suffi de traduire le grec pour percer le mystère des hiéroglyphes.

2 Au temps des pharaons

Découvre avec nous les secrets de l'Égypte ancienne.

Le nom des Pharaons

C'est grâce aux hiéroglyphes que l'on connaît le nom des différents pharaons de l'Égypte ancienne. Ils étaient considérés comme des dieux et leur nom était toujours gravé dans un cadre appelé cartouche.

Reconnaître des phrases

mémo

Fred : Jamy, il paraît qu'une phrase peut avoir un type. Et pourquoi pas des formes aussi ?

Jamy : Une phrase a toujours un **type** et une **forme**, Fred ! Quel que soit son type, la phrase est soit à la forme affirmative, soit à la forme négative :

- Les phrases de type **déclaratif** s'écrivent avec un **.** *Tu peux rire. Tu ne peux pas rire.*
- Les phrases **interrogatives** s'écrivent avec un **?** *Tu as compris ? Tu n'as pas compris ?*
- Les phrases de type **exclamatif** s'écrivent avec un **!** *C'est facile ! Ce n'est pas facile !*
- Les phrases de type **impératif**, qui expriment un ordre ou une interdiction, s'écrivent avec un **.** ou un **!** *Ne ris pas. Arrête !*

L'interview d'un scribe

– Bonjour, qui êtes-vous ?
– Je suis Ahméso, scribe de la ville de Thèbes.
– Que faites-vous exactement ?
– Mon métier est de lire et de compter.
– Où avez-vous appris à écrire ?
– À l'école du Temple. J'y ai passé dix années.
Vous savez, les hiéroglyphes sont une écriture sacrée.
– Travaillez-vous pour le pharaon ?
– Oui, j'ai ce très grand honneur !
– Merci beaucoup, Ahméso, et bon courage !

1 **Coche la bonne réponse.**

	Vrai	Faux
• La phrase surlignée en rose est interrogative.		
• La phrase surlignée en jaune est exclamative.		
• La phrase surlignée en bleu est déclarative.		

2 **Transforme les phrases à la forme négative.**

Tous les Égyptiens ne savaient pas lire.

➤ Ils utilisent toujours les hiéroglyphes. ______________________

➤ L'apprentissage de l'écriture était facile. ______________________

Aimerais-tu devenir archéologue ? oui ❑ non ❑

Lire, écrire, reconnaître des nombres

mémo !

Pour mieux lire et écrire des grands nombres, tu utilises un tableau de numération.

classe des milliers			classe des unités		
	1	6	8	0	3

Tu peux écrire un nombre de différentes façons :
- en chiffres, en séparant les classes par un espace : **16 803**
- en lettres : **seize mille huit cent trois**
- en décompositions : (**16** × 1000) + (**8** × 100) + **3**

1 **Colorie de la même couleur les écritures d'un même nombre.**

1 922	12 909
neuf mille vingt et un	
mille neuf cent vingt-deux	9 021
douze mille neuf cent neuf	(9×1000) + (2×10) + 1
(1×1000) + (9×100) + (2×10) + 2	(12×1000) + (9×100) + 9

2 **Complète ce papyrus.**

7 083 ➤ Sept mille quatre-vingt-trois
5 876 ➤ ____________________
____
8 067 ➤ ____________________
____
__________ ➤ Sept mille six cent huit
__________ ➤ Treize mille quatre-vingts

3 **Qui suis-je ? Réponds aux énigmes du Sphinx.**

J'ai 6 milliers, 2 centaines et 9 dizaines.
6 290

Je suis le plus grand nombre de 4 chiffres.
____

Je suis le double de 4002.
____

Je suis le plus petit nombre écrit avec ces chiffres : 8 - 5 - 7 - 6.
____

Aimerais-tu aller en Égypte ? oui ❑ non ❑

Écrire avec la ponctuation

mémo

Fred : j'airiencomprisàcequejamym'aécritpourunsavantilpourraitaérersontexte

Jamy : Tu as raison, Fred. La **ponctuation** est très importante à l'écrit : elle rend le message plus clair. Mets des **espaces** entre les mots, des **majuscules** où il faut (début de phrase et noms propres) et un **point** à la fin de la phrase. Tu verras, tu comprendras mieux !

A B C D E F G H I J K L M N O P Q R S T U V W X Y Z

À Thèbes, le scribe Ahméso écrit sur un papyrus.

1 **Recopie chaque phrase en ajoutant les majuscules et les points.**

le dieu osiris est très aimé en égypte

seth est le dieu du mal et de l'orage

patron des scribes, thot est le dieu de l'écriture

2 **Invente des phrases en utilisant la ponctuation proposée.**

?

!

As-tu visité les salles égyptiennes du Louvre ? oui ❑ non ❑

Reconnaître des polygones et des solides

mémo

Fred : C'est quoi un malpolygone, Jamy ?

Jamy : Un quoi ?

Fred : Il existe des polygones, Jamy ; alors, il doit bien y avoir des gones malpolis !

Jamy : Ah, les **polygones** ! Ce sont des figures géométriques tracées à la règle :

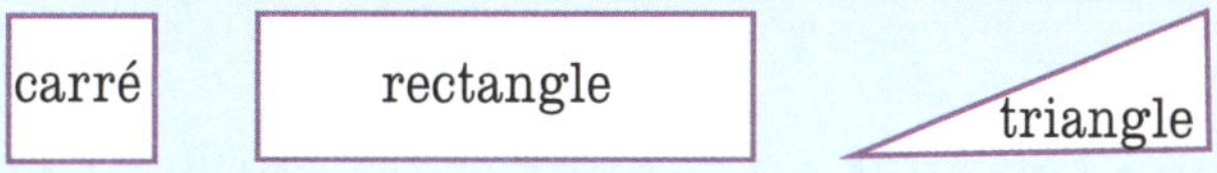

Les **solides** sont des formes géométriques qui ont un volume.

1 **Observe le plan de ce tombeau royal. Puis réponds aux questions.**

Combien vois-tu de carrés sur ce plan ? ______ De triangles ? ______

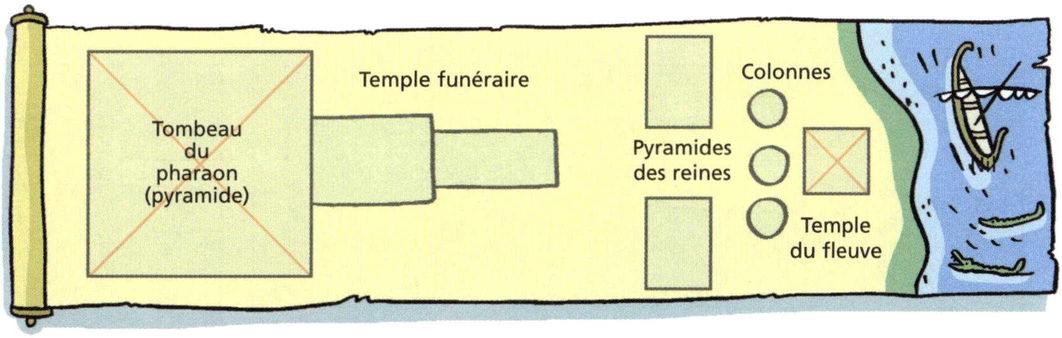

2 **À présent, observe la maquette du tombeau et remplis le tableau.**
(Fais attention aux faces cachées des figures !)

Figure	Nombre de faces	Nom de la figure
A	5	pyramide
B		
C		
D		

Connais-tu un site archéologique ? oui ❑ non ❑

Se présenter, citer des pays anglophones

Je m'appelle Emily. J'ai 8 ans. J'habite en Angleterre.

Je m'appelle Oliver. J'ai 9 ans. J'habite au Canada.

1 **Présente-toi à ton tour en répondant à Emily et Oliver.**

1. And you? What's your name? I'm ______________________.
2. How old are you? I'm ______________________.
3. Where do you live? I ______________ in ______________.

2 **Reconnais-tu sur la carte les principaux pays du monde où l'on parle anglais ? Écris le nom de chaque pays dans la bonne étiquette.**

Canada	Scotland	The United States	Ireland	England	Australia

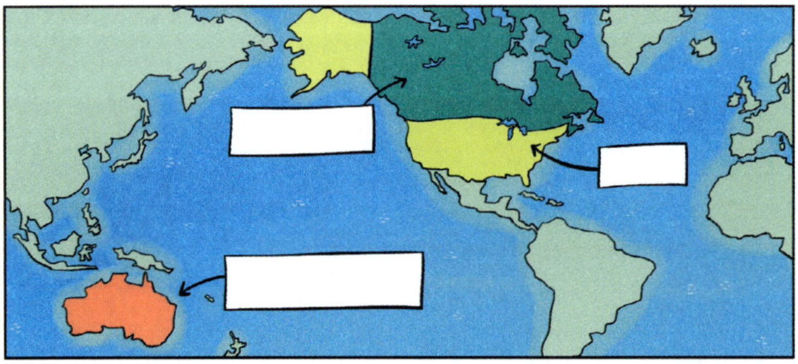

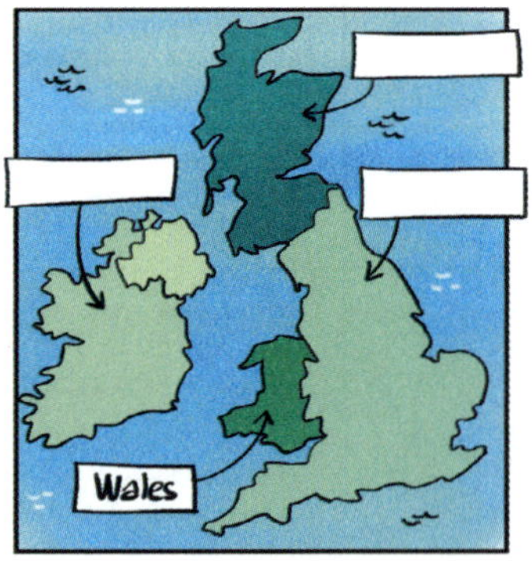

3 **Quels pays aimerais-tu visiter ?** ______________ / ______________ / ______________

mémo !

Jamy : Quand tu présentes tes amis à tes parents, entraîne-toi à le faire en anglais. Tu peux aussi jouer à faire deviner à quelqu'un la personne que tu lui décris, en disant quel âge a la personne, où elle vit... Mais ne dis pas son nom, bien sûr, ce serait trop facile !

Écris ton total
........./10 points

1 **Complète ces phrases avec le point qui convient : ! ?**
a. Quelles sont les plantes qui poussent le long du Nil ___
b. Quelles merveilles ces pyramides ___

___ /1

2 **Écris cette phrase à la forme négative.**
Le pharaon vivait dans les pyramides.

____

___ /1

3 **Écris Vrai ou Faux.**
Dans 19 590, 195 est le nombre de centaines : ________

___ /1

4 **Indique à quelle forme est écrite cette phrase.**
Ne pas toucher s'il vous plaît. ______________

___ /1

5 **Entoure les mots qui devraient avoir une majuscule.**
nous sommes entrés dans le temple dédié à la déesse iris.

___ /1

6 **Colorie l'étiquette qui correspond à ce nombre :**
vingt mille trois cent soixante-seize

20 376	200 376	20 366

___ /1

7 **Trouve le solide qui correspond à cette devinette.**
Toutes mes faces sont des carrés : ______________

___ /1

8 **Réponds à la question.**
Combien de faces a le cylindre? ______________

___ /1

9 **Complète avec des noms de polygones.**
Une pyramide est formée de quatre ______________
et d'un ______________.

___ /1

10 **Réponds à la question : Where do you live?**

____

___ /1

Qu'est-ce qu'un scribe ?

Réponse :
Un fonctionnaire égyptien qui sait lire, écrire et compter.

Et les volcans ?

Il y en a plus de 1 500 en activité dans le monde, comme la Soufrière en Guadeloupe et le Vésuve en Italie. Mais les plus nombreux se trouvent au fond des océans, donnant quelquefois naissance à des îles volcaniques.

Îles célèbres

Certaines îles sont devenues célèbres parce qu'elles ont hébergé des personnes importantes : c'est le cas des îles d'Elbe et de Sainte-Hélène, où l'empereur Napoléon fut emprisonné.

3 Îles ou volcans ?

**Il y a des milliers d'îles sur la Terre.
Si nous partions les visiter ensemble ?**

Histoire d'îles

Certaines îles, comme La Réunion ou l'île Maurice, étaient des îles désertes avant l'arrivée des explorateurs européens. D'autres sont devenues des légendes : elles auraient disparu, englouties par la colère des dieux.

Pour connaître le nom de la plus mystérieuse des îles, complète ces mots croisés.

Écrire au passé composé

mémo Le **passé composé** est un temps du passé qui est formé de deux mots : un auxiliaire + le participe passé du verbe.

Auxiliaire *avoir* au présent + **participe passé** du verbe :

j'ai senti — *il/elle/on a senti* — *ils/elles ont senti*

Auxiliaire *être* au présent + **participe passé** du verbe :
avec l'auxiliaire « être », le participe passé s'accorde toujours avec son sujet :

je suis parti(e) — *il/elle/on est parti(e)* — *ils/elles sont parti(e)s*

1 **Souligne les verbes écrits au passé composé.**

Éruption d'un volcan : un fermier témoigne.

« J'étais en train de labourer mon champ, quand j'ai senti le sol trembler. J'ai vu une fissure se creuser et une épaisse fumée s'est échappée du trou. Je me suis enfui ! Le lendemain, on a découvert un volcan haut de dix mètres qui crachait des cendres brûlantes. Le volcan a grandi et maintenant mon village a disparu. »

2 **Complète les phrases avec les auxiliaires « être » ou « avoir » pour découvrir comment se forme une île volcanique.**

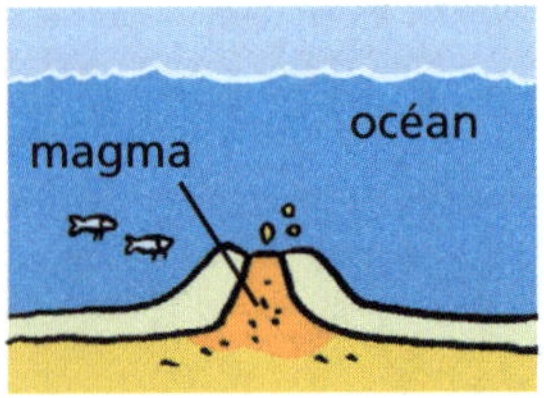

1 Sous la mer, le magma **a** percé la croûte terrestre.

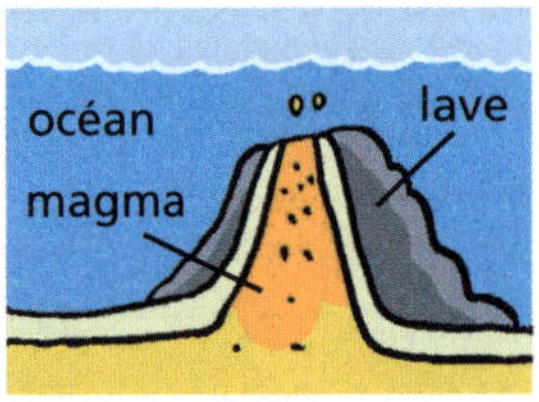

2 Au fur et à mesure, la lave s'______ refroidie et ______ devenue solide.

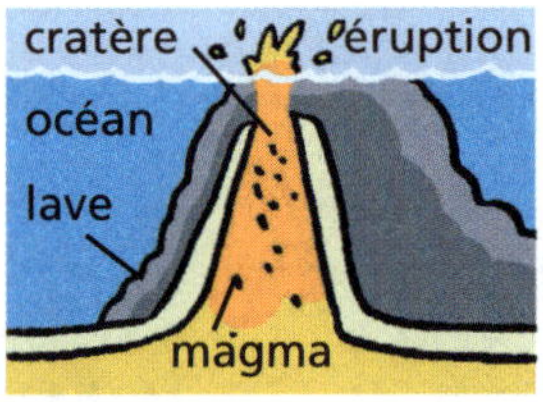

3 Le volcan ______ explosé ; les couches de lave se ______ épaissies.

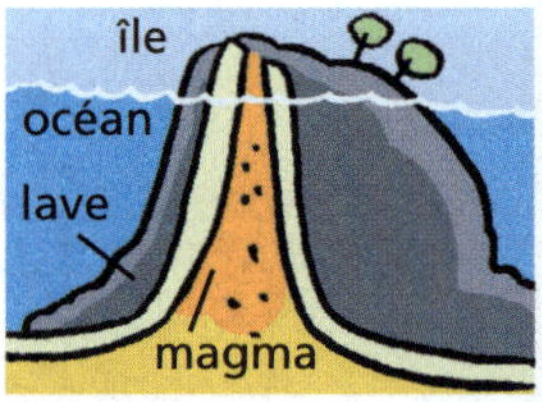

4 Le volcan ______ enfin émergé et il ______ formé une île.

3 **Écris ces titres de journaux au passé composé.**

« L'Etna se réveille ! »

______

« Les volcanologues prévoient une éruption ! »

______

Aimerais-tu devenir volcanologue ? oui ❑ non ❑

Se repérer dans un quadrillage

mémo

Jamy : (U, 2) !
Fred : Touché ! C'est mon groupe de rock préféré !
Jamy : Je n'ai pas dit U2 mais (U, 2). Cela peut désigner aussi bien un nœud que la case d'un quadrillage, mais pas un groupe de musique !

Les **quadrillages** te servent à repérer des nœuds et des cases :

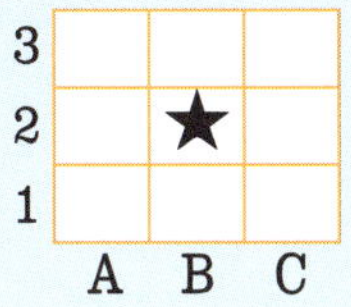

L'étoile : (B,2)

Le cœur : (B,2)

Ils te servent aussi à **reproduire** ou à **modifier une figure** :

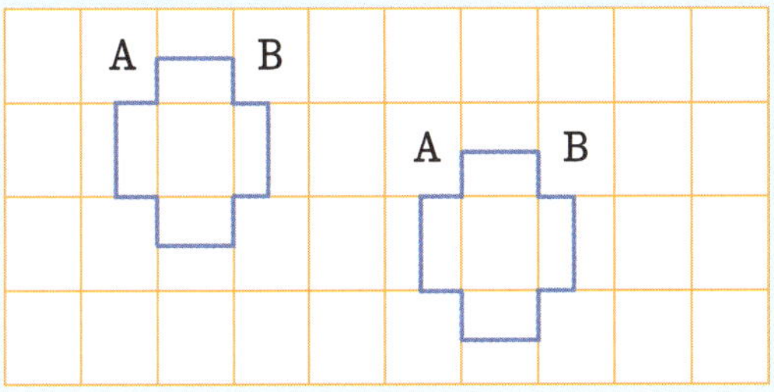

1 **En t'aidant du code, trace le parcours du capitaine Cook.**

As-tu déjà voyagé sur un voilier ? oui ❑ non ❑

Les différents sens d'un mot

mémo

Jamy : Tu sais, Fred, parfois, t'as la classe !
Fred : N'importe quoi ! Incapable de faire classe, moi !
Jamy : Mais non, ce n'est pas ce sens-là de « classe ».
Un mot peut avoir des sens différents :

une carte (postale)

une carte (à jouer)

une carte (un planisphère)

Pour connaître le sens précis d'un mot, aide-toi :
- du **dictionnaire**, qui t'indique tous les sens des mots ;
- du **texte** qui entoure le mot.

1 **Relie le mot souligné à sa définition.**

Le mousse du bateau nettoie le pont. •	• Plante qui recouvre la roche.
Oh, la mousse blanche sur les vagues ! •	• L'écume.
Cette île est recouverte de mousse. •	• Très jeune marin.

2 **Complète les phrases. Puis recopie le mot mystérieux.**

- La mer a rejeté des étoiles de mer.
- Le drapeau du bateau a deux étoiles.

1 étoiles

- Le navire s'approche de la ______.
- Pour monter au sommet du volcan, la ______ est rude !

2 ______

- J'ai reçu une ______ de l'île Maurice.
- Cette île est inconnue sur la ______.

3 ______

As-tu déjà passé des vacances sur une île ? oui ❑ non ❑

Se repérer sur une droite graduée

mémo !

Fred : Dis, Jamy, tu ne connaîtrais pas un moyen simple de ranger des nombres ?

Jamy : Prends une règle !

Fred : Tu connais une règle qui va jusqu'à 3 000, toi ?

Jamy : Pour ranger des nombres, tu peux utiliser une **droite numérique** :

2312 ↓ 2672 ↓

2000					2500		

C'est très utile en histoire pour placer des dates sur ta frise !

1 **Observe attentivement l'image. Lis les messages et réponds par Vrai ou Faux.**

Message du robot Jim
Profondeur atteinte : – 850 mètres.
Vrai ❑ Faux ❑

Message de l'Alvin
Profondeur atteinte : – 3 590 mètres.
Vrai ❑ Faux ❑

Message du Nautile
Profondeur atteinte : – 4 700 mètres.
Vrai ❑ Faux ❑

2 **Place ces deux nombres sur la droite : 1401 – 1870.**

1000 — A — B — 1500 — C — D — 2000

Aimerais-tu vivre sur une île ? oui ❑ non ❑

L'Atlantide, l'île mystérieuse

REPÉRER DES INFORMATIONS

Selon d'anciens textes grecs, l'Atlantide était une immense île fabuleuse. Le peuple qui y vivait était riche et puissant : les Atlantes possédaient presque toutes les régions autour de la Méditerranée.

Mais une nuit, un tremblement de terre fit s'écrouler la statue du dieu de l'océan et une vague gigantesque submergea les temples monumentaux, les palais somptueux et toutes les villes de l'île. Au matin, cette terre et son peuple étaient engloutis.
De l'Atlantide, il ne reste qu'une légende fascinante.
Légende ou histoire vraie ? Les scientifiques s'interrogent.
Aujourd'hui, ils cherchent encore, au fond des océans, une île disparue.

1 Entoure la bonne réponse.

Les Atlantes étaient :
des palais somptueux – les habitants de l'île – les dieux de la mer

L'île a disparu à cause :
de la colère des dieux – d'un tremblement de terre – d'un incendie

Cette histoire est :
une légende – une histoire vraie – on ne sait pas

2 Dans cette grille, retrouve le nom de cinq îles françaises qui, elles, n'ont pas disparu.

A	C	T	G	H	E	U
I	O	F	T	T	U	J
E	R	E	H	A	R	K
J	S	Q	M	H	P	L
R	E	U	N	I	O	N
O	M	S	A	T	Z	W
T	G	R	O	I	X	D

Écris ton total
........./10 points

1 **Souligne les verbes conjugués au passé composé.**

Je suis malade. – Le volcan a explosé. – On a eu peur.

___ /1

2 **Conjugue au passé composé.**

	grimper	tomber
tu		
ils		

___ /1

3 **Dessine ou indique le code.**

♥ (C,4) ★ (B,3)

■ (___,___) ■ (___,___)

	1	2	3	4	5	6
A						
B						
C						

___ /1

4 **Voici les différents sens du mot « phare ». Barre l'intrus.**

a. Bâtiment qui indique la côte aux navires.

b. Lampe qui éclaire la route sur un véhicule.

c. Nom d'une voile d'un bateau.

___ /1

5 **Complète cette devinette.**

a. Je suis un miroir ou à la framboise : ______________________

___ /1

6 **Tous ces dessins ont le même nom : lequel ?**

   ______________________

___ /1

7 **Pour reproduire une figure dans un quadrillage, on utilise :**

❑ les nœuds ❑ les cases ❑ les deux

___ /1

8 **Où places-tu le nombre 4 850 ?**

❑ entre 2 000 et 4 000 ❑ entre 4 000 et 5 000

___ /1

9 **Quel nombre écrirais-tu dans la case vide ?**

2100	2400	2700		3300	3600	3900

___ /1

10 **Quand un volcan se réveille, on dit qu'il entre en :**

❑ irruption ❑ éruption

___ /1

Quel volcan a détruit la ville de Pompéi en 79 avant J.-C. ?

Réponse : Le Vésuve

De l'inventeur à l'objet

Certains inventeurs ont laissé leur nom à leur invention : Lord Sandwich a réellement existé ! Ne voulant pas quitter sa table de jeu pour se restaurer, il se fit servir de la viande entre deux tranches de pain beurré. C'est ainsi qu'est né le premier sandwich.

4 Sacrés inventeurs

De l'invention farfelue à la découverte qui sauve des vies, les inventeurs nous étonnent toujours.

À chaque époque son invention

Les inventeurs créent une nouvelle façon de faire les choses. Par exemple, autrefois on écrivait avec une plume, puis on a inventé le stylo-plume, ensuite le stylo à bille, la machine à écrire, et aujourd'hui l'ordinateur.

Inventeurs inventés !

La bande dessinée aime beaucoup le personnage du savant fou : tu connais sans doute Gaston Lagaffe, inventé par Franquin, le professeur Tournesol, créé par Hergé ou Géo Trouvetout inventé par Walt Disney.

Sauras-tu relier les inventeurs à leur invention ?

Braille •	• revolver
Colt •	• moteur à huile
Diesel •	• plat à base de pommes de terre
Parmentier •	• alphabet pour non-voyants

L'accord sujet-verbe

mémo

• Un verbe s'accorde toujours avec son sujet :
– en personne : ***tu** cherch**es***, ***nous** cherch**ons*** ;
– en nombre : ***il** cherch**e*** (singulier), ***ils** cherch**ent*** (pluriel).
• Pour trouver le sujet, transforme la phrase avec *c'est ... qui* :
Polo et Mimi bricolent. → ***C'est** Polo et Mimi **qui** bricol**ent***.
sujet

1 **Souligne les sujets en bleu et les verbes en rouge.**

Bricolo et Bricolette sont des inventeurs. Enfin, ils essaient ! Tous les jours, ils s'enferment dans leur atelier.
Tantôt, Bricolette cherche et Bricolo trouve. Tantôt, Bricolo cherche et Bricolette trouve. Mais quelle sera leur nouvelle invention ?

2 **Relie les sujets à leurs verbes.**

L'ampoule •	• brûlent !
Nous •	• avons très peur !
Les fils •	• rate !
L'expérience •	• explose !

3 **Invente une phrase et écris-la sous chaque image.**

As-tu déjà fait une expérience scientifique ? oui ❑ non ❑

Classer des figures géométriques

mémo

Fred : Mes amis, aujourd'hui Jamy a une drôle de figure. Il est plié à l'équerre. À voir ses tracés, il n'avait pas le compas dans l'œil !

Jamy : Tu es en forme, toi, en revanche ! Apprends, mon cher Fred, que les figures géométriques sont tracées avec des instruments comme la **règle** pour mesurer des segments, le **compas** pour tracer des cercles, et l'**équerre** pour construire des droites.

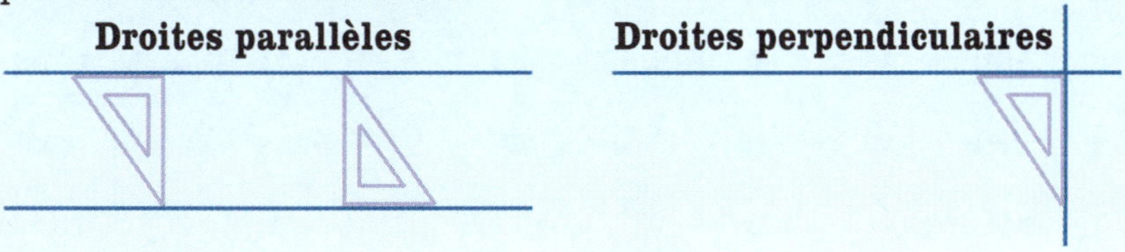

1 **Écris le numéro des figures comportant des parallèles ou des perpendiculaires.**

Figures avec parallèles
1 - ______

Figures avec perpendiculaires
1 - ______

figure 1

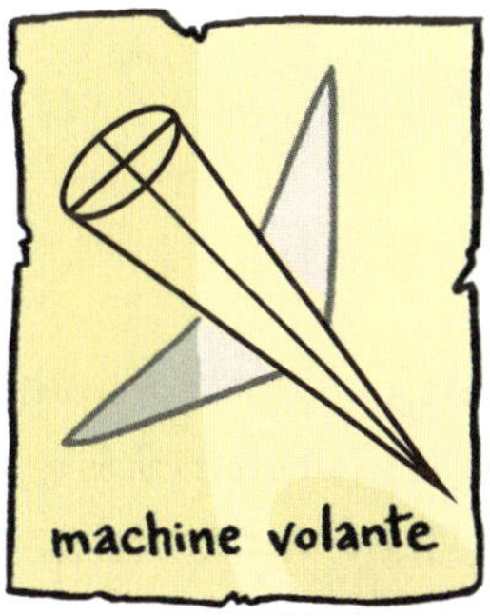

figure 2

figure 3

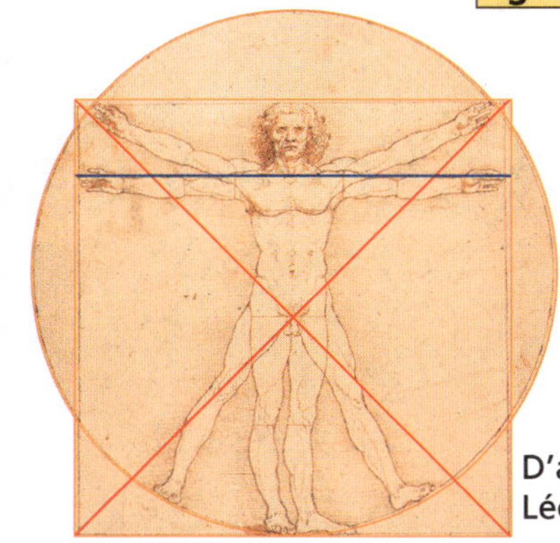

D'après Léonard de Vinci.

2 **Note le nombre de rectangles et de triangles inscrits dans la figure.**

Nombre de rectangles ➤ ______

Nombre de triangles ➤ ______

Quel tableau de Léonard de Vinci connais-tu ? ______

La bonne terminaison

mémo

Fred : Jamy, j'ai horreur de la **conjugaison**. Ça change tout le temps !
Jamy : Bien sûr que ça change, Fred : c'est le principe même de la conjugaison ! Quand tu parles ou quand tu écris, tu emploies des temps de conjugaison différents : le présent, le futur, l'imparfait...
Chaque temps a des terminaisons particulières.

Imparfait				**Présent** (1er groupe)				**Futur**			
je	**-ais**	nous	**-ions**	je	**-e**	nous	**-ons**	je	**-rai**	nous	**-rons**
tu	**-ais**	vous	**-iez**	tu	**-es**	vous	**-ez**	tu	**-ras**	vous	**-rez**
il elle	**-ait**	ils elles	**-aient**	il elle	**-e**	ils elles	**-ent**	il elle	**-ra**	ils elles	**-ront**

1 Colorie le temps du verbe : imparfait, présent ou futur ?

La roue transforme les traîneaux en chariots.	imparfait	présent	futur
Le moteur remplace la force du vent.	imparfait	présent	futur
Les hommes iront sur Mars.	imparfait	présent	futur
Les premiers sous-marins étaient en bois.	imparfait	présent	futur

2 Complète le texte en conjuguant les verbes.

(1) voler *(imparfait)*
(2) traverser *(imparfait)*
(3) voler *(présent)*
(4) relier *(présent)*
(5) emmener *(présent)*
(6) habiter *(futur)*

Le premier avion (1) volait à 5 mètres du sol.
En 1909, Blériot (2) ____________ la Manche.
Grâce à leurs moteurs à réaction, les avions (3) ____________ plus vite et plus haut.
Aujourd'hui, un avion rapide (4) ____________ Paris à New York en moins de 4 heures. Les navettes spatiales (5) ____________ les hommes dans l'espace. Un jour, les hommes (6) ____________ dans l'espace.

Quel est ton mode de transport préféré ? ____________

CAHIER DÉTACHABLE

Corrigés

C'est pas sorcier vacances

CE2 vers CM1

1- En avant la musique

DÉCOUVERTE DU MONDE page 5

C'est la voix !

FRANÇAIS page 6

1. Nous sommes un groupe de **rock**.
Je suis une harpiste de **concert**.

2. Exemple de réponses : J'aime écouter l'eau qui tombe en cascade (COD).
Cela se passe dans un sous-bois (CC de lieu).
Cela se produit pendant une randonnée, au printemps (CC de temps).

MATHÉMATIQUES page 7

1. 1756 > 1685 • 1770 < 1810 • 1685 < 1732

2. Le canard a raison car 1803 + 133 = 1936.

3. **Défi**
6 400 + 50 + 8 = 6 458
➤ bat (6 458 < 6 500)
6 000 + 400 + 30 + 2 = 6 432
➤ te (6 432 < 6 500)
(6 x 1 000) + (3 x 100) + (4 x 10) + 8 = 6 348
➤ rie (6 348 < 6 500)
bat-te-rie (batterie)

FRANÇAIS page 8

1. interpréte**rons** – obtiend**ront** – tend**ras** – ecri**ra**

2. apprend**ra** – se**rai** – **irons** – deviend**rai**

MATHÉMATIQUES page 9

1. les cymbales

2. 25 x 3 = 75 € • 13 x 4 = 52 € • 75 + 52 = 127 €
Tu dois retrouver le même nombre qu'au 1er raisonnement !

JEUX DE LECTURE page 10

1. **En vertical :** chansons – sérieux – délire
En horizontal : phalanges – change – quoi

2. C'est le violon.

FAIS TON BILAN page 11

1. Par exemple : Le matin, j'allume la radio et j'écoute une chanson.

2. Faux

3 Serai – jouerai – aurons

4 Par exemple : ballon – chaton – rond – capuchon

5 9240 > 5687 3904 < 9340 2707 > 2070

6 7000 + 500 + 40 + 2 = 7542

7 6300 – 6030 – 2100 – 2010

8 Vrai

9 Le chef d'orchestre

10 Trompette - flûte

2- Au temps des pharaons

DÉCOUVERTE DU MONDE page 12

À vérifier avec un adulte

FRANÇAIS page 14

1

	Vrai	Faux
• La phrase surlignée en rose est interrogative.	x	
• La phrase surlignée en jaune est exclamative.		x
• La phrase surlignée en bleu est déclarative.		x

2 Ils **n'**utilisent **plus** les hiéroglyphes.
L'apprentissage de l'écriture **n'**était **pas** facile.

MATHÉMATIQUES page 15

1

1922	12 909
neuf mille vingt et un	
mille neuf cent vingt-deux	9 021
douze mille neuf cent neuf	(9x1000) + (2x10) + 1
(1x1000) + (9x100) + (2x10) + 2	(12x1000) + (9x100) + 9

2 5 876 ➤ cinq mille huit cent soixante-seize
8 067 ➤ huit mille soixante-sept
7 608 ➤ sept mille six cent huit
13 080 ➤ treize mille quatre-vingts

3

FRANÇAIS page 16

1 **L**e dieu **O**siris est très aimé en **É**gypte.
Seth est le dieu du mal et de l'orage.
Patron des scribes, **T**hot est le dieu de l'écriture.

2 À vérifier avec un adulte.

MATHÉMATIQUES page 17

1 2 carrés - 8 triangles (il y a 4 triangles dans chacun des deux carrés)

2

Figure	Nombre de faces	Nom de la figure
A	5	pyramide
B	6	parallélépipède
C	3	cylindre
D	6	cube

ANGLAIS page 18

2 *Canada* : Canada / *Scotland* : Écosse / *The United States* : les États-Unis / *Ireland* : Irlande / *England* : Angleterre / *Australia* : Australie

FAIS TON BILAN page 19

1. Quelles sont les plantes qui poussent le long du Nil ?
   Quelles merveilles ces pyramides !
2. Le pharaon ne vivait pas dans les pyramides.
3. Vrai
4. Négative
5. Nous - Iris

6. 20 376
7. Cube
8. 3
9. 4 triangles / 1 carré
10. I live in (France).

3- Îles ou volcans ?

DÉCOUVERTE DU MONDE page 21

VAGUE
MONTAGNE
ILE
LAVE
NUAGE
MONTAGNE
ERUPTION
CENDRES
MER

(Mot vertical : ATLANTIDE)

FRANÇAIS page 22

1. « J'étais en train de labourer mon champ, quand j'ai senti le sol trembler. J'ai vu une fissure se creuser et une épaisse fumée s'est échappée du trou. Je me suis enfui ! Le lendemain, on a découvert un volcan haut de dix mètres qui crachait des cendres brûlantes. Le volcan a grandi et maintenant mon village a disparu. »

2. 2 Au fur et à mesure, la lave s'est refroidie et est devenue solide. – 3 Le volcan a explosé ; les couches de lave se sont épaissies. – 4 Le volcan a enfin émergé et il a formé une île.

3. L'Etna s'est réveillé ! - Les volcanologues ont prévu une éruption !

MATHÉMATIQUES page 23

1.

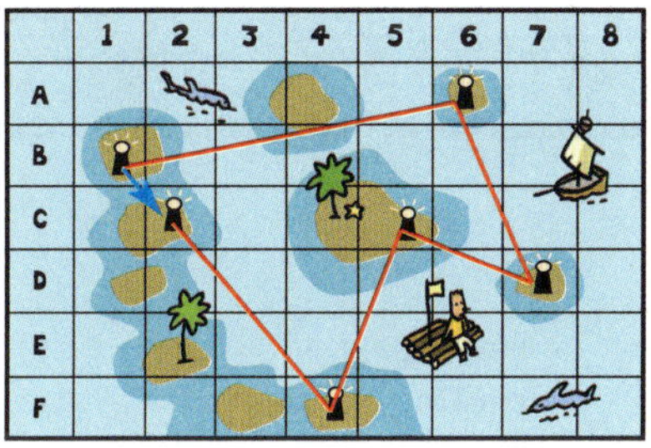

FRANÇAIS page 24

1. Oh ! la mousse blanche sur les vagues !
   ➤ L'écume.
   Cette île est recouverte de mousse.
   ➤ Plante qui recouvre la roche.

2. • Le navire s'approche de la **côte**.
   Pour monter au sommet du volcan, la **côte** est rude !
   Mot mystérieux : côte
   • J'ai reçu une **carte** de l'île Maurice.
   Cette île est inconnue sur la **carte**.
   Mot mystérieux : carte

MATHÉMATIQUES page 25

1. Message du robot Jim ➤ Faux
   Message de l'Alvin ➤ Vrai
   Message du Nautile ➤ Vrai

2. 1401 : B   1870 : D

JEUX DE LECTURE page 26

1 Les Atlantes étaient les habitants de l'île. L'île a disparu à cause d'un tremblement de terre. / On ne sait pas vraiment si cette histoire est vraie.

2 **En horizontal :** Ré, Réunion, Groix
En vertical : Corse, Tahiti

FAIS TON BILAN page 27

1 a explosé – a eu

2 Tu as grimpé – tu es tombé / ils ont grimpé – ils sont tombés

3

	1	2	3	4	5	6
A						
B			★			
C				♥		

(A,2) (B,6)

4 L'intrus est « nom d'une voile de bateau »

5 Glace

6 Ce sont des boutons : de chemise / de rose / sur le nez.

7 les deux

8 entre 4 000 et 5 000

9 3 000

10 Éruption

4- Sacrés inventeurs

DÉCOUVERTE DU MONDE page 29

Braille	revolver
Colt	moteur à huile
Diesel	plat à base de pommes de terre
Parmentier	alphabet pour non-voyants

FRANÇAIS page 30

1 Bricolo et Bricolette sont des inventeurs. Enfin, ils essaient ! Tous les jours, ils s'enferment dans leur atelier. Tantôt, Bricolette cherche et Bricolo trouve. Tantôt, Bricolo cherche et Bricolette trouve. Mais quelle sera leur nouvelle invention ?

2

L'ampoule	brûlent !
Nous	avons très peur !
Les fils	rate !
L'expérience	explose !

3 À vérifier avec un adulte.

MATHÉMATIQUES page 31

1

Figures avec parallèles
1 - 3

Figures avec perpendiculaires
1 - 2 - 3

2 Nombre de rectangles ➤ 2
Nombre de triangles ➤ 7 (4 grands et 3 petits)

FRANÇAIS page 32

1 transforme, remplace : présent - iront : futur - étaient : imparfait

2 (2) traversait - (3) volent - (4) relie - (5) emmènent - (6) habiteront

MATHÉMATIQUES page 33

1 1896 - 1826 - 1762 - 1450 - 1316

2

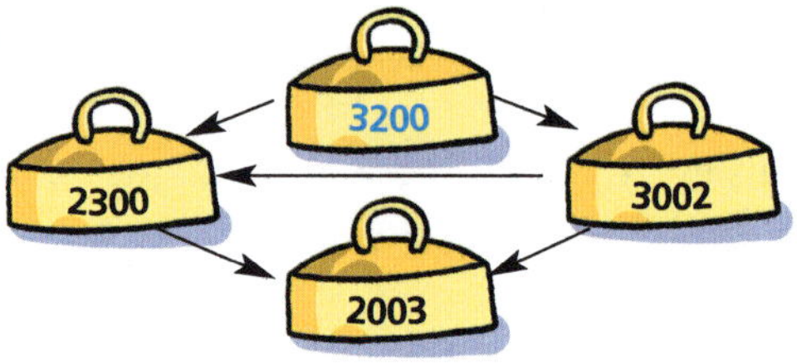

ANGLAIS page 34

1. *purple* : violet / *blue* : bleu / *green* : vert / *yellow* : jaune / *orange* : orange / *red* : rouge / *pink* : rose / *white* : blanc / *black* : noir / *grey* : gris / brown : marron.

2. *a cat* : un chat / *a zebra* : un zèbre / *a flower* : une fleur / *a banana* : une banane. Attention ! L'adjectif en anglais doit être placé devant le nom.

FAIS TON BILAN page 35

1. Dans le laboratoire, s'élevait une fumée verte.

2. Ils mélangent, ils réfléchissent, ils font l'expérience et ils recommencent.

3. Vrai

4. Ils ont – Nous avons – Tu as

5. 1 200 – 2 006 – 2 102 – 2 106

6. présent – futur

7. Le professeur parlait à ses apprentis ; ils l'écoutaient bouche bée.

8. A est perpendiculaire à C.
B est parallèle à C.
A est perpendiculaire à B.

9. Ajouter une centaine à chaque fois :
2 356 – 2 456 – 2 556 – 2 656 …

10. The sandwich is yellow, red and green.

5- Le cheval

DÉCOUVERTE DU MONDE page 37

L'activité n° 3 n'existe pas.

FRANÇAIS page 38

1. cavalier – loisir – abreuvoir

2. **verbe** : entretenir – faut – démêler
nom : peigne – pelage – crinière – brosse
adjectif : douce – épaisse

3.

	1er groupe (-er)	2e groupe (-ir)	3e groupe (-ir et autres)
le galop	galoper		
la course			**courir**
le bond		**bondir**	
le dressage	**dresser**		

MATHÉMATIQUES page 39

1.

	+ 500	x 10	- 1000
230	730	7 300	6 300
324	824	8 240	7 240
109	609	6 090	5 090
657	1 157	11 570	10 570

2. (2 x 3) x 7 = 42

FRANÇAIS page 40

1. une litière ➤ un lit – une crinière ➤ du crin – une charrette ➤ un char – un herbivore ➤ l'herbe – une ferrure ➤ un fer – le galopeur ➤ le galop

2. Exemples de réponses : cheval ➤ chevalier, chevalerie… – attelage ➤ atteler, attelle…

MATHÉMATIQUES page 41

1. 6 8 7 9 + 1 3 1 1 = **8 1 9 0**
5 1 3 6 + 2 9 2 8 = **8 0 6 4**

2. 8 1 4 − 6 2 = **7 5 2**
6 7 3 2 − 1 4 4 0 = **5 2 9 2**

3. **Défi**
6 3 7 − 2 1 4 = 4 2 3
5 3 9 5 − 3 1 2 1 = 2 2 7 4
9 9 8 2 − 4 0 5 2 = 5 9 3 0

ANGLAIS page 42

À vérifier avec un adulte.

FAIS TON BILAN page 43

1. Au (Moyen-Âge,) les (courageux) (chevaliers) (se protégeaient) avec une (armure) (lourde) et (encombrante.)

2. Ex : galop / ex : sautiller

3. Trotter - bondir

4. Chevalier

5. 205 + 450 + 189 = 844

6.
```
  5 7 ¹2 ¹1
– 1 4¹ 5¹ 9
  4 2  6  2
```

7. (320 + 500) x 10 – 1 000 = 7 200

8. Avoine, herbe, pain

9. Faux : en cinq jours

10. I like my shoes.

6- Autour du monde

DÉCOUVERTE DU MONDE page 45

- B4 - C6 - D2 - E5 - F3

FRANÇAIS page 46

1. 2 traç**ait** – 3 taill**ait** – 4 pos**ait** (les premiers blocs en cercle) – 5 pos**ait** – 6 referm**ait** – 7 bouch**ait** – 8 découp**ait**

2. je fabriqu**ais** - c'ét**ait** - mon frère utilis**ait** - nous fais**ions** - nous dev**ions** - il ven**ait**

MATHÉMATIQUES page 47

1.

×	3	5	6	7	8
4	12	**20**	**24**	**28**	**32**
6	**18**	**30**	**36**	**42**	**48**
7	**21**	**35**	**42**	**49**	**56**

2. 20 x 30 = 600
500 x 50 = 25 000
300 x 60 = 18 000
40 x 40 = 1 600
60 x 30 = 1 800
90 x 20 = 1 800

3.
```
      4¹ ² 5 0
x          5 2
=        9 0 0
+  2 2   5 0 0
=  2 3   4 0 0
```
L'éléphant mange 23 400 kilos (soit 23 tonnes et 400 kilos) de foin chaque année !

FRANÇAIS page 48

1. une Espagnol**e** - une Chinois**e** - une Indienn**e** - une Japonais**e**

2. (naturel) naturel**le** - (beau) **belle** - (large) **large** - (vert) vert**e**

MATHÉMATIQUES page 49

1. À Moscou, il est 12h15 (ou midi 15).

À Tahiti

À Pékin

JEUX DE LECTURE page 50

Verticalement : LIBERTE MURS KOURI
Horizontalement : MAISON NUIT MONDE PARENTS ETOILE
Inversé : JOUR PARTIR

FAIS TON BILAN page 51

1. Faux

2. Une belle Italienne

3. 12 000

4 Brisée

5 14 820

$$\begin{array}{rr} & 570 \\ \times & 26 \\ = & 3420 \\ + & 11400 \\ = & 14820 \end{array}$$

6 300

7

8 Vrai

9 L'Asie

10 Un fleuve

7- Galerie de portraits

DÉCOUVERTE DU MONDE page 52

Le tableau-mystère est le numéro 4.

FRANÇAIS page 54

1 Picasso et ses amis (vivaient) à Paris.
Les tableaux (seront) exposés puis vendus.

2 Tes jolis pinceaux s'abîm**ent**.
Des portrait**s** moqueur**s** **sont des** caricature**s**.

3 Ce visage est formé par des <u>grappes</u> de raisin, des <u>pommes</u> de terre. Pour le <u>nez</u>, l'artiste a peint une poire.

MATHÉMATIQUES page 55

1

536 534 532 530 528 526

150 170 190 210 230 250

3 6 12 24 48 96

2

Sculptures	23	45	63	60	24	98
Dessins	46	90	126	120	48	196

3

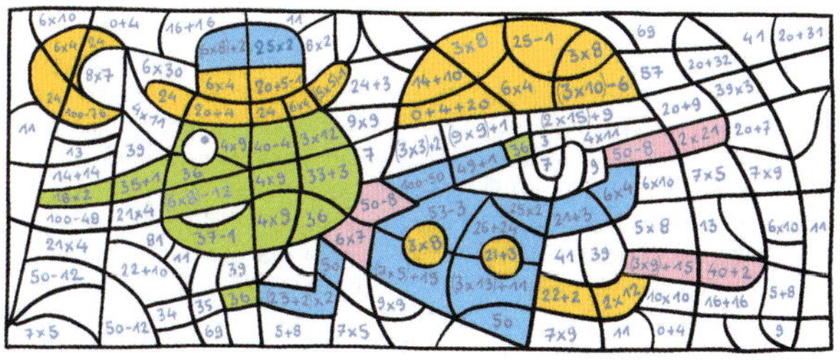

FRANÇAIS page 56

1

Pluriels en -s	Pluriels en -x	Sans changement
tristes gourmands fous	cheveux manteaux	joyeux gris gros

2 **Défi**
Mon personnage a de**s** yeu**x** bleu**s** ; deux grande**s** narine**s** ; une large bouche avec trois dent**s** verte**s** ; de**s** cheveu**x** rou**x** !

MATHÉMATIQUES page 57

1

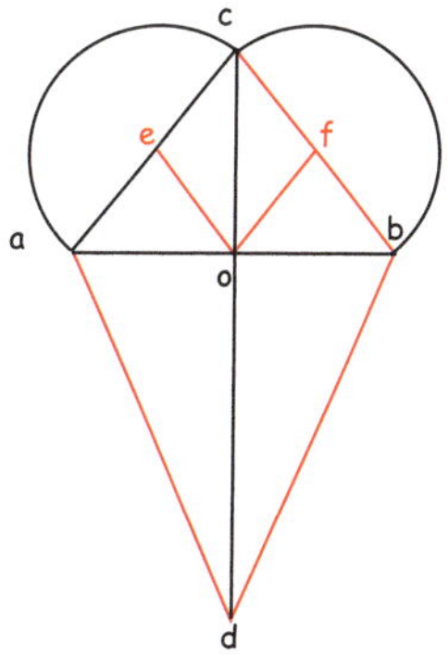

ANGLAIS page 58

1 Attention ! En anglais, on place d'abord le propriétaire de la chose, puis la chose possédée. C'est l'inverse du français.
2. Whose marker is this? It's the teacher's marker.
3. Whose racket is this? It's Oliver's racket.
4. Whose bowl is this? It's the dog's bowl.
5. Whose bike is this? It's Emily's bike.

FAIS TON BILAN page 59

1. nez gris - joyeux
2. De beaux manteaux
3. 43 x 2 = 86 62 x 2 = 124
   142 x 2 = 284 503 x 2 = 1006
4. Un tableau original
5. Les couleurs changent au fur et à mesure que les tableaux avancent.
6. (8 x 5) + 3 = 43
   (6 x 20) + (100 + 50) = 120 + 150 = 270
7. Il faut colorier la tête de l'enfant. La fleur n'est pas une figure symétrique.
8. axe
9. morceau
10. Whose book is this?

8- Sports passion

DÉCOUVERTE DU MONDE page 60

- De gauche à droite et de haut en bas : l'escalade, la natation, le tennis, le ski.

FRANÇAIS page 62

1. une créa**tion** – un étire**ment** – une guéri**son**
2. un plongeur – un boxeur – un skieur
3. **re**toucher – **re**lancer – **re**plonger

MATHÉMATIQUES page 63

1. 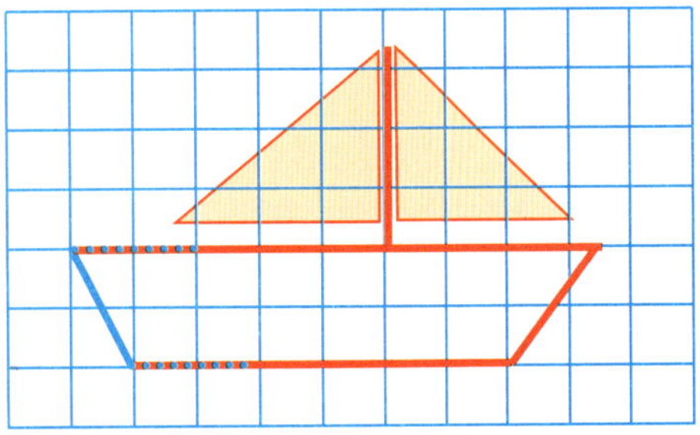

   Veiller à respecter les dimensions indiquées dans l'énoncé.

2. Périmètre du stade : 444 m
   car P = (150 + 72) x 2 = 444.

FAIS TON BILAN page 64

1. Pilotage
2. Un assouplissement
3. 9 km = 9 000 m ; 3 m = 300 cm ;
   10 cm = 100 mm
4. Canif
5. Remettre
6. Faux
7. Courir 800 km est impossible.
8. Vrai
9. Entre autres : ski, escalade, deltaplane…
10. Entre autres : judo, karaté, boxe…

Coordination du projet : Odette Dénommée ; Coordination éditoriale : Anne-Maty Niang, avec la collaboration de Magali Corbel et Françoise Laurent ; Édition : Sidonie van den Dries, Émilie Million ; Coordination artistique : Katy Fleury ; Création de la maquette intérieure : Jean-François Lemporte ; Création de la couverture : Zaoum ; Exécution de la couverture : Christophe Savelli ; Mise en page des doubles documentaires : Marie Carmarans ; Illustrations intérieures : Laurent Audouin ; Illustrations pages d'anglais : Laurent Lalo ; Iconographie : Clémence Grillon, Geneviève Meyer, Michèle Kerneïs, Laetitia Jannin ; Calligraphie : Nicole Vilette ; Correction : Thuy de Fommervault, Luce Camus ; Image en 3D : Mauro Mazzari ; Pictogrammes : Lucile Limont.
Crédits photographiques : pages 4-5 © Paco Ayala – FOTOLIA ; 11 d © Stock images/National Geographic ; 11 g © Getty images/Stone/C. Ledner ; 12-13 © jeromevanpoperinghe – FOTOLIA ; 13 © piccaya – FOTOLIA ; 15 © Archives Nathan/ Ph. Sonneville ; 20-21 © Jacques Eygun – FOTOLIA ; 21 © Steven Baines – FOTOLIA ; 28-29 : Archives Larbor ; 31 © Archives Larbor/Giacomelli ; 36-37 © Randy Harris – FOTOLIA ; 37 © Bernd Kröger – FOTOLIA ; 44-45 © Archives Larbor ; 48 © Stock images/Mauritius ; 52-53 © djembejambo – FOTOLIA ; 53 © Archives Larbor/H. Josse ; 54 © Archives Larbor/H. Josse ; 60-61 © Archives Larbor ; 60 © Archives Larbor ; 61 © Maria Horvath – FOTOLIA.

Ranger des nombres

mémo

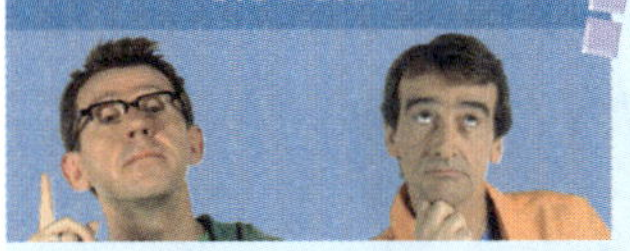

Fred : Dis, Jamy, tu n'aurais pas un mot plus court pour dire que 7 est plus petit que 98 ?

Jamy : Fred, je n'ai pas de mot, mais j'ai des signes. Si tu veux ranger des nombres :

- dans l'**ordre croissant** (du plus petit au plus grand) :

1 956 < 1 978 < 1 999 < 2 007

- dans l'**ordre décroissant** (du plus grand au plus petit) :

2 007 > 1 999 > 1 978 > 1 956

Pour ne pas te tromper, compare toujours les nombres en partant de la gauche :

7 562 > 6 689 > 6 378 > 4 123

1 **Range ces inventions de la plus récente à la plus ancienne.**

1826 | 1316 | 1450 | 1896 | 1762

1896 – ....

2 **Place les nombres dans le bon sens : la flèche ⟶ signifie « est supérieur à ».**

3 002

2 003

3 200

2 300

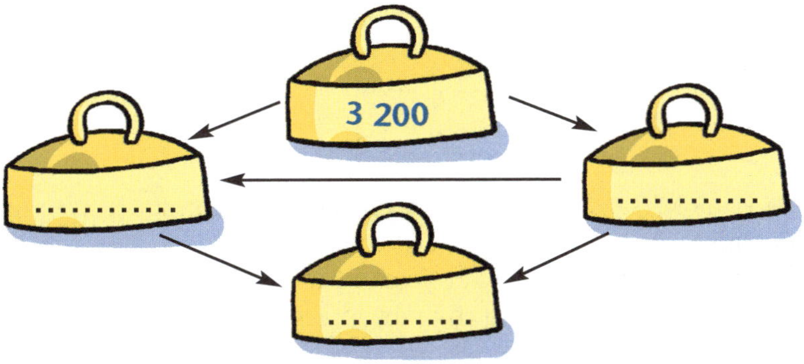

Aimerais-tu devenir inventeur ? oui ❑ non ❑

Nommer les couleurs

1 **Écris le nom de chaque couleur dans la bonne étiquette.**

purple / green / yellow / black / brown / pink / orange / grey / white / blue / red

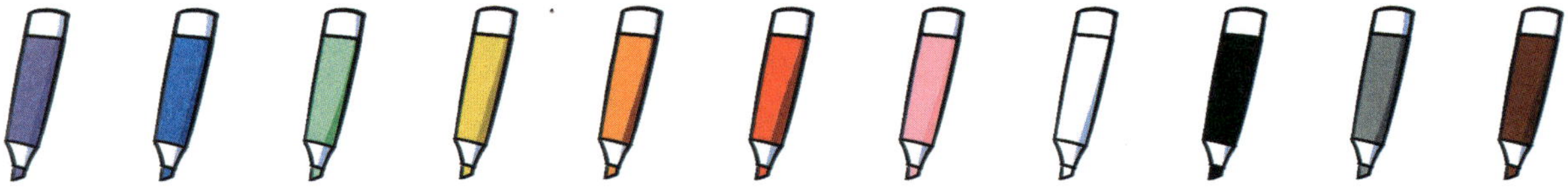

Quelle couleur est-ce, Olivier ? C'est bleu.

Oui, c'est un feutre bleu.

2 **Relie d'abord avec ton crayon le nom correspondant à la silhouette. Colorie ensuite chaque image comme tu veux, puis écris au-dessous ce que c'est.**

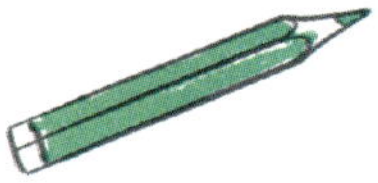

It's a green pencil.

- a banana
- a cat
- a flower
- a zebra

mémo

Jamy : Dans la rue, à l'école ou à la maison, tu peux jouer avec tes parents ou tes amis :
l'un de vous désigne un objet et demande : *What colour is it?*
L'autre doit trouver la bonne couleur, et répondre en anglais, bien sûr !

audio sur www.cestpassorciervacances.com

Écris ton total
........./10 points

1 **Souligne le sujet en bleu et le verbe en rouge.**
Dans le laboratoire s'élevait une fumée verte.
___ /1

2 **Recopie cette phrase en remplaçant « il » par « ils ».**
Il mélange, il réfléchit, il fait l'expérience et il recommence.
____
___ /1

3 **Écris vrai ou faux.**
Les droites parallèles ne se croisent jamais. __________
___ /1

4 **Colorie le verbe de la même couleur que son sujet.**

ils	as	ont	nous	tu	avons

___ /1

5 **Range ces nombres du plus petit au plus grand.**
2 006   2 106   1 200   2 102
____
___ /1

6 **Indique passé, présent ou futur.**
Il <u>espère</u> que son expérience <u>réussira</u>.
________ ________
___ /1

7 **Complète la terminaison des verbes à l'imparfait.**
Le professeur parl____ à ses apprentis : ils l'écout____ bouche bée.
___ /1

8 **Observe et complète avec « parallèle » ou « perpendiculaire ».**
A est ______________________ à C.
B est ______________________ à C.
A est ______________________ à B.

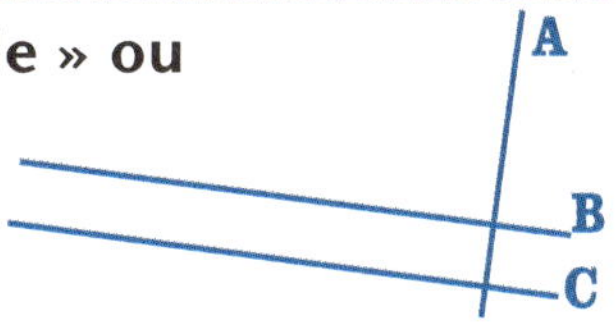

___ /1

9 **Complète la suite.**
2 056 – 2 156 – 2 256 – ______________________
___ /1

10 **Écris toutes les couleurs que tu vois.**

The sandwich is __________, __________ and __________.
___ /1

Sais-tu ce qu'a inventé M. Bell ?

Réponse :
Le téléphone

Au pas, au trot, au galop...

Au XIXe siècle, avant l'automobile, le cheval tirait les voitures. On mettait alors cinq jours pour aller de Paris à Lyon. Les chevaux étaient aussi utilisés au fond des mines, ou comme montures de guerre.

Santé de cheval !

Le cheval a une colonne vertébrale horizontale, qui est une véritable armure. Il est herbivore : tu peux lui donner des carottes, des pommes, des sucres ou des croûtons de pain. Dès sa naissance, le poulain se lève et tête. Il pèse déjà 40 kg ! À 3 ans, il est adulte.

5 Le cheval

Découvrons ensemble le monde des chevaux et des poneys : il en existe une centaine de races.

Mieux vaut prévenir...

Le cheval possède des armes puissantes : la force de ses mâchoires et un redoutable coup de sabot. Pourtant, il reste un animal craintif, toujours sur le qui-vive. Pour éviter d'être pris(e) pour une mouche, n'oublie pas de le prévenir de ton arrivée avec ta voix et le dos de ta main.

Entoure l'intrus.

Connaître la nature des mots

mémo !

En grammaire, chaque mot a une **nature** : nom, verbe, adjectif… Pour t'aider à reconnaître un nom, essaie de placer *le*, *la*, *un* ou *une* devant : ***le*** *cavalier*.
L'**adjectif** précise comment est le nom : *le* ***beau*** *cheval* ***blanc***.
Le **verbe**, lui, indique une action ou un état : ***bondir***, ***être*** *fatigué*.

1 Souligne le nom qui s'est glissé dans chaque liste de verbes.

- sauter – cavalier – trotter – galoper
- hennir – sentir – loisir – bondir
- abreuvoir – vouloir – voir – croire

2 Aide-toi de la phrase pour colorier les mots suivant leur nature grammaticale.

Pour entretenir ton cheval, tu as besoin d'une brosse douce pour le pelage et d'un peigne fin pour démêler son épaisse crinière.

nom   verbe   adjectif

peigne   faut   crinière   fin   entretenir   douce   épaisse   pelage   démêler   brosse

Aimerais-tu t'occuper d'un cheval ?   oui ❑   non ❑

Calcul rapide

mémo

Jamy : Aujourd'hui, Fred, c'est gymnastique !
Fred : Chouette !
Jamy : Mais gymnastique… de l'esprit : on va faire du calcul mental !

Le **calcul rapide** est en effet une sorte de gymnastique de l'esprit. Plus tu t'entraînes, plus tu vas vite. Pour calculer rapidement, décompose ton calcul en plusieurs opérations faciles :

230 + 500 : c'est 200 + 30 + 500.
Additionne 200 + 500 = 700.
Ajoute ensuite 30. Total : 730.

1 **Complète les cases en calculant mentalement.**

	+ 500	× 10	−1 000
230	730	7 300	6 300
324			
109			
657			

2 **Ton cheval a besoin de 2 kilos d'avoine à chaque ration. Tu lui donnes 3 rations par jour. Combien dois-tu commander de kilos d'avoine pour une semaine ?**
Coche la bonne opération.

- ◯ (3 + 2) × 7 = 35
- ◯ (2 × 3) × 7 = 42
- ◯ (2 × 3) × 1 = 6

Le cheval est-il un de tes animaux préférés ?
oui ❑ non ❑

Familles de mots

mémo

Sais-tu que les mots ont une « racine », comme les arbres ?
Cette racine est un mot de base à partir duquel on construit d'autres mots :
le trot ➞ le trotteur ➞ trotter
Tous les mots construits avec la même racine forment une **famille**.
Pour écrire des mots de la même famille, prends le mot de base et cherche quelles lettres tu peux ajouter pour former un autre mot.

1 Retrouve les petits mots cachés dans les noms.

le trotteur ➤ le trot

une litière ➤ un ____________

une crinière ➤ du ____________

une charrette ➤ un ____________

un herbivore ➤ l' ____________

une ferrure ➤ un ____________

le galopeur ➤ le ____________

2 Écris un mot de la même famille.

coursier ➤ course

cheval ➤ ____________

attelage ➤ ____________

3 Transforme les noms en verbes à l'infinitif.
Écris-les dans la bonne colonne : 1er, 2e ou 3e groupe.

	1er groupe (*-er*)	2e groupe (*-ir*)	3e groupe (*-ir* et autres)
le galop	galoper		
la course	____________	____________	____________
le bond	____________	____________	____________
le dressage	____________	____________	____________

As-tu assisté à des courses de chevaux ? oui ❑ non ❑

Additions et soustractions

mémo

Jamy : Fred, pose bien les unités, les dizaines, les centaines en colonnes et n'oublie pas les retenues !
Fred : Mais Jamy, je n'ai pas été puni, pourquoi aurai-je une retenue ?

```
   1 1
   4563          627
 + 3829        -  93
 = 8392        = 534
```

1 Effectue les additions.

```
   1
   7 8 3        6 8 7 9        5 1 3 6
 +   3 2 5    + 1 3 1 1      + 2 9 2 8
 = 1 1 0 8    = ______       = ______
```

2 Effectue les soustractions.

```
       1
   9 8 8        8 1 4        6 7 3 2
 -   4 9     -    6 2     -  1 4 4 0
 = 9 3 9     = ______     = ______
```

3

défi

Complète les soustractions en remplaçant chaque tête de cheval par le bon chiffre.

```
   6 3 7          5 3 _ 5          9 _ 8 _
 - 2 1 4        - 3 _ 2 1        - _ 0 5 2
 = _ _ 3        = _ 2 7 _        = 5 9 _ 0
```

Es-tu déjà monté(e) à cheval ? oui ❑ non ❑

Parler de ses goûts : les vêtements

a pullover

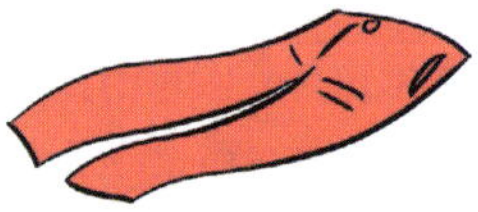
trousers

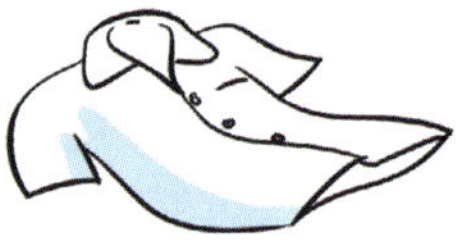
a shirt

shoes

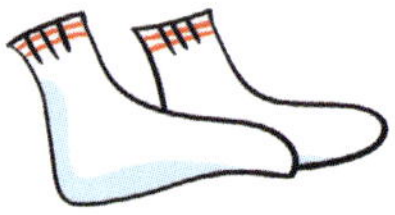
socks

a skirt

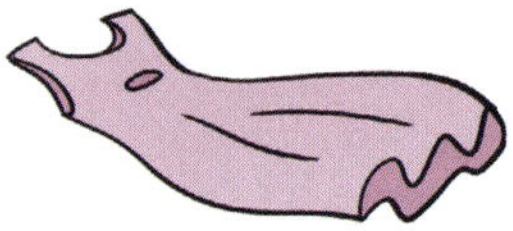
a dress

tights

1 **Reprends les phrases d'Oliver, et écris comment tu trouves tes habits.**

I ____________ my ____________, and I____________ my ____________.

2 **Lis comment Emily décrit à sa grand-mère les habits qu'elle porte aujourd'hui**

3 **À ton tour ! Écris comment tu es habillé(e) aujourd'hui.**

I'm wearing ____________, ____________ and ____________

mémo

Jamy : Tu as remarqué que *jeans*, *tights*, *shorts* et *trousers* portent la marque du pluriel. En anglais, on met toujours au pluriel un vêtement qui a « deux jambes », même si on parle d'un seul pantalon ou d'un seul short.

Écris ton total

………/10 points

1 **Entoure en orange les noms, en rouge le verbe, en bleu les adjectifs.**

Au Moyen-Âge, les courageux chevaliers se protégeaient avec une armure lourde et encombrante.

___ /1

2 **Cherche dans le dictionnaire un mot de la même famille.**

galoper ____________ sauter ____________

___ /1

3 **Transforme le nom en verbe à l'infinitif.**

le trot ➤ ____________ un bond ➤ ____________

___ /1

4 **Souligne l'intrus (indice : c'est un nom).**

monter entraîner chevalier marcher

___ /1

5 **Le cheval gagnant a une avance de 205 mètres au 1er tour, de 450 mètres au 2e tour et de 189 mètres à l'arrivée. De combien a-t-il distancé le 2e cheval ?**

➤ ____________ mètres

___ /1

6 **Pose la soustraction en hauteur.**

5 721 – 1 459 =

___ /1

7 **Calcul rapide : (320 + 500) x 10 – 1 000 =** ____________

___ /1

8 **Entoure les bonnes réponses. Le cheval mange :**

de la viande de l'avoine de l'herbe du pain

___ /1

9 **Vrai ou faux ?** Les diligences à chevaux allaient de Paris à Lyon en 5 heures. Vrai ❑ Faux ❑

___ /1

10 **Que représente ce dessin ?**

I like my ____________.

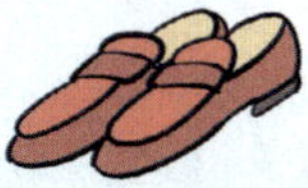

___ /1

Comment s'appelle le petit du cheval et de la jument ?

Réponse : Un poulain

D'où vient le sable du Sahara ?

Il est constitué de grains de quartz produit par les fleuves qui coulaient dans le Sahara il y a deux millions d'années. Quand les fleuves se sont asséchés, les alluvions déposées ont été transportées par le vent. Puis elles se sont accumulées en dunes.

Dans le Grand Nord

L'igloo est une maison de neige. Ce sont les Inuits du Canada (ou Esquimaux) qui construisent ces abris. Sais-tu qu'il ne fait pas si froid dans un igloo ? Les Esquimaux peuvent même retirer leurs vêtements mouillés et rester dévêtus sans mourir de froid.

6 Autour du monde

Viens avec nous à la découverte du monde !

Relie chaque vignette au continent correspondant.

Exemple : A → 1

En Europe, chaque village a son clocher : pointu, rond ou carré. **A**

En Antarctique, la terre est recouverte de glace. En hiver, la température peut atteindre – 60° ! **B**

En Amérique, l'Amazone est le plus grand fleuve du monde : 6 500 km de long ! **C**

D En Asie, la Chine est le pays le plus peuplé du monde.

E En Océanie, on construit certaines maisons avec des feuilles de bananier.

F En Afrique, certaines femmes s'habillent avec des tissus multicolores et portent leur enfant sur le dos.

Écrire à l'imparfait

mémo

Jamy : Conjuguer à l'**imparfait**, Fred, c'est un jeu d'enfant !

Fred : Cela tombe bien, Jamy ! C'est toujours aux enfants qu'on demande de conjuguer.

Jamy : • Mets d'abord le verbe que tu veux conjuguer à l'imparfait au présent de l'indicatif, à la 1ère personne du pluriel.

• Ôte la terminaison.

• Ajoute les terminaisons de l'imparfait : *ais - ais - ait - ions - iez - aient.*

Exemple : **boire** → **nous** buv**ons** → **je** buv**ais**

1 Complète les verbes avec la terminaison de l'imparfait.

(1) On choisissait un sol bien plat.

( ) On traç______ un cercle dans la neige.

( ) On pos______ les premiers blocs en cercle.

( ) On pos______ les blocs les uns sur les autres.

( ) On taill______ des blocs de neige avec un couteau à neige.

( ) On bouch______ les fissures avec de la neige.

( ) On referm______ le toit.

( ) C'est à la fin qu'on découp______ l'ouverture.

Chaque phrase est une étape de la construction de l'igloo : inscris les numéros dans le bon ordre.

2 Raconte la vie de grand-père esquimau.

Nous utilisions des traîneaux tirés par des chiens pour nous déplacer sur la neige. Pour voyager sur l'eau, je fabriqu______ un bateau en peaux de phoque cousues : l'oumiak. C'ét______ pour toute la famille. Mais pour chasser, mon frère utilis______ un bateau plus petit et plus léger : le kayak. Pour pêcher l'hiver, nous fais______ un trou dans la glace et nous dev______ harponner le phoque quand il ven______ respirer sur la banquise.

Aimerais-tu vivre dans le Grand Nord ? oui ❑ non ❑

Multiplier

mémo

Fred : Il y a des opérations où je multiplie les erreurs. Tu n'aurais pas une calculette, Jamy ?

Jamy : Pas besoin !

```
  324         12        1
× 46         324       324
             × 6      × 40
  1944 ←───────┘        │
+ 12960 ←───────────────┘
 14904
```

• Quand tu multiplies des nombres qui se terminent par **zéro**, multiplie d'abord les autres chiffres. Écris ensuite les zéros à droite du résultat :
25 × 10 = 250 ; 50 × 10 = 500

• Quand tu multiplies en hauteur, n'oublie pas les retenues.

1 **Complète le tableau.**

×	3	5	6	7	8
4	12				
6					
7					

2 **Calcule mentalement les multiplications.**

215 x 10 = 2150
400 x 20 = 8000
20 x 30 = ______
40 x 40 = ______
500 x 50 = ______
60 x 30 = ______
300 x 60 = ______
90 x 20 = ______

3 **L'éléphant de la réserve mange 450 kg de foin par semaine. Sachant qu'il y a 52 semaines dans une année, combien de kilos de foin doit-on lui donner pour une année ?**

______
x ______
______
+ ______
= ______

Dans quel autre pays aimerais-tu vivre ? ______

Écrire le féminin

mémo

Jamy : Fred, pour mettre les mots au **féminin**, tu dois en général leur ajouter un ***e***. Mais pour les mots se terminant déjà par un *e* au masculin, rien à faire : *large* ➟ *large*.
Parfois tu dois **doubler la consonne finale** avant d'ajouter un *e* : *un Indien* ➟ *une Indienne*.
Méfie-toi des noms d'animaux ! *un mouton* ➟ *une brebis*.

1 **Écris le féminin des noms.**

 France ➤ un Français ➤ une Française

 Espagne ➤ un Espagnol ➤ une ______

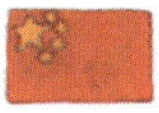 Chine ➤ un Chinois ➤ une ______

 Inde ➤ un Indien ➤ une ______

 Japon ➤ un Japonais ➤ une ______

2 **Mets l'adjectif entre parenthèses au féminin.**

Certains Indonésiens se nourrissent d'une racine (naturel) ______ : le taro. C'est une (beau) ______ plante tropicale avec une (large) ______ feuille (vert) ______ .

3 **Dessine la papaye (ⓐ) et la mangue (ⓑ).**

Quelles sont les couleurs du drapeau français ? ______

Lire l'heure

Sais-tu qu'au moment où tu te réveilles, il est l'heure d'aller se coucher pour d'autres ? L'heure change selon l'endroit où l'on se trouve dans le monde.
Mais sur toutes les pendules de la planète, la **petite aiguille** indique les **heures** et la **grande aiguille** les **minutes**.

- Un quart d'heure = 15 minutes.
- Une demi-heure = 30 minutes.
- Trois quarts d'heure = 45 minutes.

1 **Il est 9 h15 à Paris, l'heure où Charlotte se lève.**
Voici ce que font d'autres enfants dans d'autres pays.
Indique l'heure ou complète les cadrans.

À New York, aux États-Unis,
Roony dort profondément.
Il est 03 h 15 .

À Moscou, en Russie,
Natacha déjeune.
Il est ___ h ___ .

À Tahiti, en Polynésie,
Tiare dîne sur la plage.
Il est 19 h 15.

À Pékin, en Chine,
Tchang boit du thé.
Il est 12 h 45.

Aimerais-tu voyager ? oui ❑ non ❑

Le tour du monde !

LIRE UN TEXTE

Les neuf maisons de Kouri

Kouri aime ses parents. Pourtant, un jour, il décide de partir à travers le monde : « Une maison inconnue m'attend quelque part !… »
Le cœur de Kouri était gonflé de liberté. Toutes les directions l'appelaient, le monde lui appartenait !
D'abord il marcha droit devant lui. La nuit, il dormait à la belle étoile sur un lit d'herbe ou d'aiguilles de pin. Il pensait : « Ma maison, pour l'instant, c'est le monde : elle est sans murs et a pour toit le ciel infini ! »
Mais ce toit était percé et le monde déversa toute son eau sur la tête de Kouri. Celui-ci marcha deux jours entiers sous la pluie.
Quand vint le second soir, il grelottait et il n'y avait aucun abri en vue.
Quelqu'un appela derrière lui :
– Ohé, du mouillé ! Venez donc sous mon parapluie !
Kouri se retourna. Un petit bonhomme encombré de sacs courait derrière lui sur la route, poussant une charrette d'une main, de l'autre tenant un parapluie. Il invita Kouri à dormir dans sa minuscule tente et lui prêta des vêtements secs. Cet homme était colporteur.

Extrait de Claire Ubac, « Les neuf maisons de Kouri », illustré par Christophe Blain, *Volcans et montagnes*, Nathan, coll. « Superscope », 2001.

1 **Retrouve dans la grille-valise dix mots du texte. Ils peuvent se lire de haut en bas, de gauche à droite, mais aussi de droite à gauche.**

L	M	A	I	S	O	N	R
I	U	Q	K	N	U	I	T
B	R	M	O	N	D	E	Y
E	S	R	U	O	J	S	V
R	P	A	R	E	N	T	S
T	E	R	I	T	R	A	P
É	T	O	I	L	E	F	B

Écris ton total
........./10 points

1 **Vrai ou faux ? Les phrases suivantes sont au présent.**
Au pôle Nord, les températures descendaient sous les – 40° C. Les Esquimaux utilisaient des peaux d'animaux pour fabriquer des chaussures. Vrai ❑ Faux ❑

___ /1

2 **Écris le féminin.**
un bel Italien ➤ ______________________

___ /1

3 **Calcule mentalement : 400 x 30 =** ______________

___ /1

4 **Souligne l'adjectif qui est correctement accordé.**
Pour faire une quiche, il faut de la pâte : brisée / feuilleté.

___ /1

5 **Pose la multiplication en hauteur et calcule.**
570 x 26 = ______________

___ /1

6 **Quel est le double de 150 ?** ______________

___ /1

7 **Indique l'heure sur le cadran : 11 h 15**

___ /1

8 **Vrai ou faux ? L'igloo est une maison de neige.**
Vrai ❑ Faux ❑

___ /1

9 **Dans quel continent se trouve la Chine ?**
____

___ /1

10 **Entoure la bonne réponse. Qu'est-ce que l'Amazone ?**
un pays un fleuve une capitale

___ /1

Quel est le pays le plus peuplé du monde ?

Réponse : La Chine

Portraits et autoportraits

Un autoportrait est une représentation de soi-même. De nombreux peintres connus s'y sont essayés, comme Rembrandt qui a laissé plus de cent autoportraits. D'autres artistes se sont spécialisés dans les caricatures qui se trouvent souvent dans la presse.

Regarde bien le tableau-mystère et retrouve le portrait correspondant.

7 Galerie de portraits

Avant l'apparition de la photographie, les portraits étaient très à la mode. Et si nous allions les voir de plus près ?

Portraits imaginaires

Arcimboldo est un peintre italien de la Renaissance. Il a realisé les portraits des quatre saisons : chaque tableau est composé de fruits et légumes de cette saison qui forment un personnage.

Portraits et techniques

Le portrait n'est pas nécessairement une peinture. Il peut être un modelage en volume avec de la terre ; une gravure, c'est-à-dire un dessin imprimé ; un collage de différents matériaux ; un dessin au pastel ; ou encore une photo retouchée à l'ordinateur.

Écrire des phrases au pluriel

mémo !

En français, il existe des règles bien singulières !
Pour écrire au pluriel, tu dois toujours **accorder** :
- le verbe et son sujet :
Le peintre regarde. (singulier) *Les peintres regardent.* (pluriel)
- les déterminants et les adjectifs avec le nom qu'ils accompagnent :
un beau et grand tableau (singulier) *des beaux et grands tableaux* (pluriel).

1 Entoure le verbe qui convient.

Certains artistes (utilise – utilisent – utilises) l'ordinateur.

Picasso et ses amis (vivais – vivait – vivaient) à Paris.

Les tableaux (sera – serons – seront) exposés puis vendus.

2 Écris les phrases au pluriel.

Ton joli pinceau s'abîme.

➤ Tes jolis ______________________

Un portrait moqueur est une caricature.

➤ ______________________

____

Arcimboldo, *L'Automne,* 1573

3 En t'aidant de l'illustration, complète le texte.

Ce visage est formé par des ______________

de raisin, des ______________ de terre.

Pour le ______________, l'artiste a peint

une poire.

Quel est ton peintre préféré ? ______________________

Calcul rapide

mémo !

Le **calcul mental** est très utile pour :

- calculer rapidement les **doubles et les moitiés** : on multiplie par 2 ou on divise par 2 : le double de 24 = 24 × 2 = 48 la moitié de 24 = 24 : 2 = 12
- **compter de 10 en 10, de 100 en 100** : on rajoute une dizaine ou une centaine :

230 – 240 – 250 – 260 (de 10 en 10) 6 258 – 6 358 – 6 458 (de 100 en 100)

1 **Continue les suites de nombres.**

536 - 534 - 532 - 530 - ……… - ………

150 - 170 - 190 - ……… - ……… - ………

3 - 6 - 12 - ……… - ……… - ………

2 **Le musée possède deux fois plus de dessins que de sculptures. Complète le tableau.**

Sculptures	23	45	63	60		98
Dessins	46			120	48	

3 **Trouve le résultat et colorie selon le code.**

24 = jaune 36 = vert 42 = rose 50 = bleu

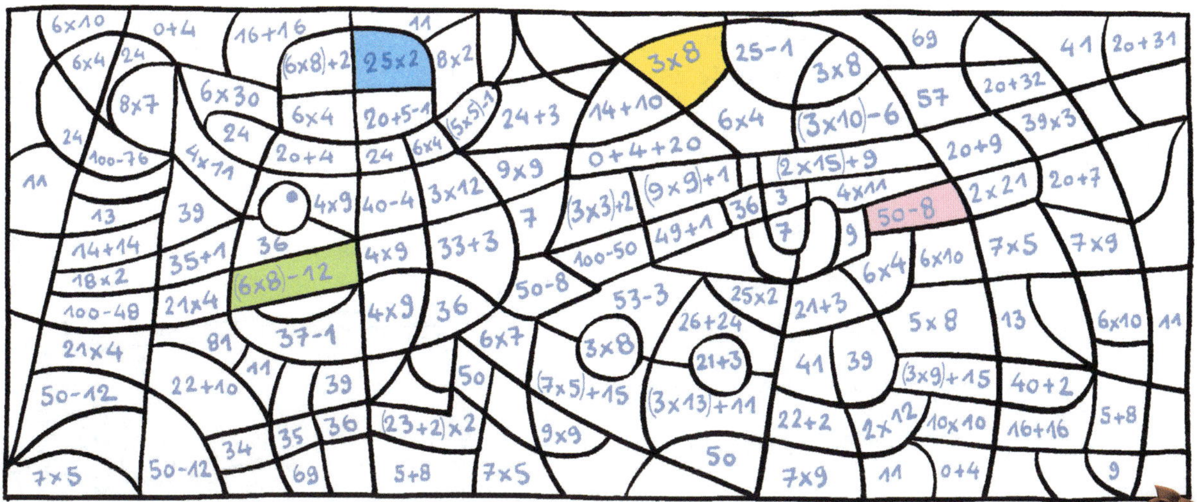

Avec quoi préfères-tu dessiner ? ______________________

Écrire des mots au pluriel

mémo

Jamy : Fred, on se concentre : au pluriel, les noms et les adjectifs s'écrivent en général avec un **s** : des toile**s** blanche**s**.
Attention ! Certains prennent un **x** : *un pinceau* ➟ *des pinceau**x***.
Certains sont irréguliers : *un œil amic**al*** ➟ *des yeux amic**aux***.
Certains ne changent pas : *un nez gri**s*** ➟ *des nez gri**s***.
Fred : Jamy, il y a quand même de quoi s'emmêler les pinceaux, non ?

1 **Écris ces mots au pluriel dans la colonne qui convient.**
joyeux – triste – gourmand – fou – cheveu – gris – manteau – gros

Pluriels en *-s*	Pluriels en *-x*	Sans changement
....	....	joyeux – ....
....	....	....
....	....	....

2 **défi**

Réécris les lettres effacées pour éviter les fautes.
Puis dessine ce drôle de portrait !

• Mon personnage a :
– un visage rond ;
– des yeux bleu__ ;
– deux grand__ narine__ ;
– une large bouche avec trois dent__ vert__ ;
– des cheveu__ rou__ .

As-tu déjà peint sur une toile ? oui ❑ non ❑

Construire des figures géométriques

mémo

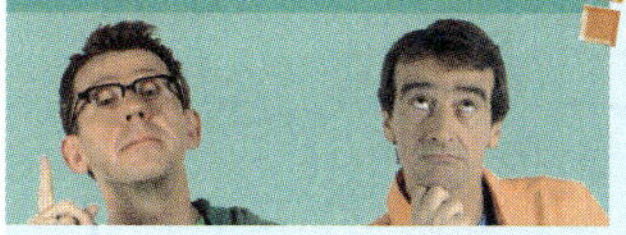

Fred : Regarde, Jamy : j'ai dessiné un papillon, enfin la moitié, parce que l'autre est identique.
Jamy : Pour construire des **figures géométriques symétriques**, Fred, tu peux utiliser un quadrillage :

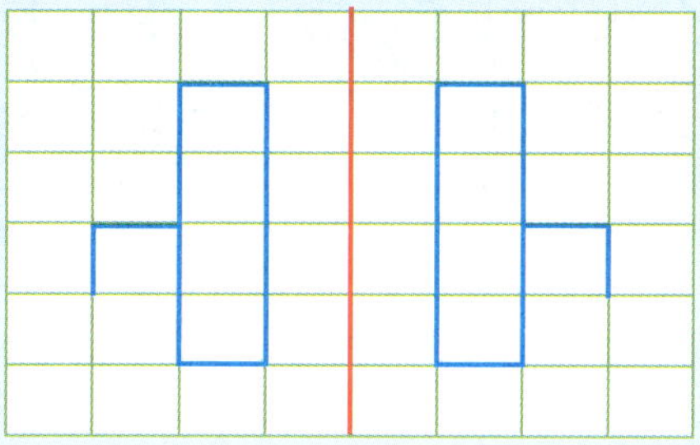

Tu peux aussi t'aider d'un programme de construction : lis-le d'abord puis respecte les consignes au fur et à mesure.

1 **Suis les consignes pour terminer le masque africain.**

1. Trace les segments **(c,b)**, **(b,d)** et **(d,a)**.
2. Place le point **e** au milieu de **(a,c)**.
3. Place le point **f** au milieu de **(c,b)**.
4. Trace au compas un demi-cercle de centre **e** et de rayon **2 cm**.
5. Fais la même chose avec le point **f**.
6. Relie les points **e** et **o** puis **f** et **o**.
7. Colorie ton masque.

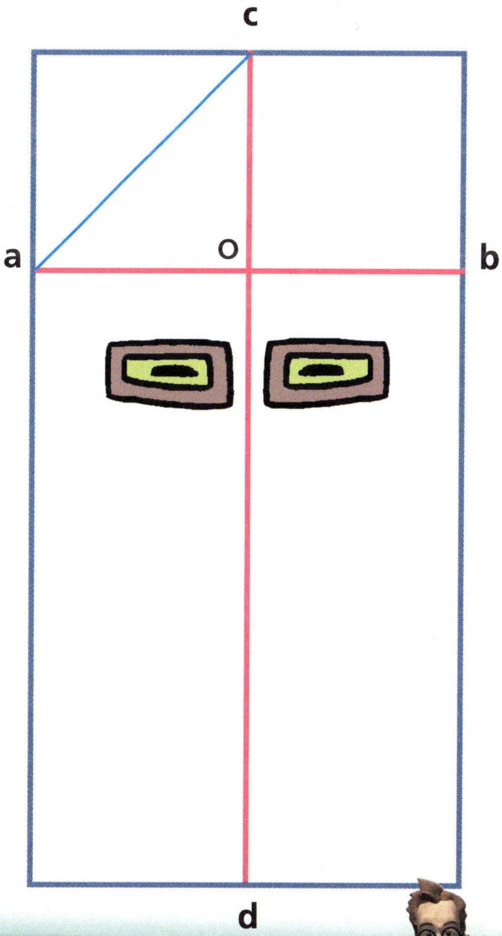

Aimerais-tu devenir artiste ? oui ❑ non ❑

Demander et dire à qui appartient une chose

À qui est cette chaussette ? — *C'est la chaussette d'Oliver.*

Repère à qui ces choses appartiennent. Écris chaque fois la question, puis la réponse.

Emily — Oliver — the dog — the teacher — Mum

1) car — 2) marker — 3) racket — 4) bowl — 5) bike

1

1. Whose car is this? – It's Mum's car.
2. ______________ marker is this? – It's the teacher's ______________.
3. ______________? – ______________.
4. ______________? – ______________.
5. ______________? – ______________.

mémo !

Jamy : Amuse-toi à demander à qui appartiennent les objets que tu vois et que tu sais dire en anglais : *Whose pen is this? Whose car is this?...* et ainsi de suite.

Écris ton total
........./10 points

1 **Souligne les mots qui ne changeront pas au pluriel.**
un nez gris – un œil bleu – une joue rouge – un visage joyeux. ___ /1

2 **Écris ce groupe nominal au pluriel.**
Un beau manteau ➤ ____________________ ___ /1

3 **Calcule les doubles.**
43 : ____ 62 : ____ 142 : ____ 503 : ____ ___ /1

4 **Écris ce groupe nominal au singulier.**
Des tableaux originaux ➤ ____________________ ___ /1

5 **Écris cette phrase au pluriel.**
La couleur change au fur et à mesure que le tableau avance. ___ /1

____

6 **Calcule rapidement.**
(8 x 5) + 3 = _______ (6 x 20) + (100 + 50) = _______ ___ /1

7 **Colorie la figure symétrique.** ___ /1

8 **Complète la phrase.**
On construit une figure symétrique par rapport à un ____________. ___ /1

9 **Coche le mot que tu ne verras jamais dans un programme de construction.** ___ /1
❑ droite ❑ segment ❑ morceau ❑ point ❑ milieu

10 **Tu vois un livre (*a book*) par terre. Essaie de retrouver son propriétaire en demandant à qui il appartient.** ___ /1
_______ _______ _______ _______ ?

Rembrandt était-il un peintre
ou un sculpteur ?

Réponse :
Un peintre

Os et muscles

Ton squelette, c'est plus de 200 os. Sans lui, tu ne pourrais pas tenir debout. Tu as aussi plus de 600 muscles attachés aux os par les tendons. Sur ordre du cerveau, ils se contractent pour faire bouger tes os.

Devine le sport qui est pratiqué :

• l'escalade

• la ....

• le ....

• le ....

8 Sports passion

Attention ! Prêts... Partez ! Suis-nous à la découverte des sports de toutes sortes.

Conseils aux sportifs

Avant et après l'effort, il faut penser à faire le plein d'énergie (riz, pâtes) et boire beaucoup d'eau. Pour courir, choisis de bonnes chaussettes (en coton) et de bonnes chaussures, avec une demi-pointure de plus car le pied gonfle pendant l'effort.

Apprentis champions !

Peut-être as-tu été un bébé nageur... Mais c'est en général vers 7 ou 8 ans que l'on commence la pratique d'un sport. Entre 9 et 12 ans, tu es plus adroit et tu comprends les règles avec astuce. Alors, prêt pour les jeux olympiques ?

Préfixes et suffixes

mémo

Jamy : Pour bien repérer les préfixes et les suffixes, c'est facile !
• Le **préfixe** est placé **avant** le nom. Le préfixe *re-* indique que l'action exprimée par le verbe est recommencée : bondir ➞ **re**bondir.
Le préfixe *de-* signifie souvent le contraire de l'action : plier ➞ **dé**plier.
• Le **suffixe** est placé **après** le nom : plong**eur** – entraîn**ement**.
Fred : Ah Jamy, c'est une idée fixe, chez toi, de travailler ! Maintenant, ça « suffixe » !

1 **Écris, à l'aide des suffixes, les noms correspondant aux verbes.**

-age -tion -ement -son

Piloter des voitures de course. ➤ le pilotage
Créer une chorégraphie. ➤ une ______
Étirer ses muscles. ➤ un ______
Guérir d'une entorse. ➤ une ______

2 **Note la légende de chaque dessin. Puis entoure le suffixe des noms que tu as trouvés.**

un football(eur) un ______ un ______ un ______.

3 **Réécris ces verbes formés à l'aide du préfixe *re-*.**

bon re dir ➤ rebondir
cher re tou ➤ ______
cer lan re ➤ ______
plon re ger ➤ ______.

Aimes-tu les sports d'équipe ? oui ❑ non ❑

Mesurer des longueurs

mémo

• Rappelle-toi : 1 km = 1000 m (kilomètre) 1 m = 100 cm (mètre) 1 cm = 10 mm (centimètre) 1 mm (millimètre)

• Pour calculer le périmètre du rectangle, additionne la longueur et la largeur, puis multiplie par 2 : **P = (L + l) × 2**

1 **Reproduis le dessin du voilier en respectant ses dimensions. Utilise un double-décimètre et n'oublie pas de placer le zéro de ta règle au début du trait.**

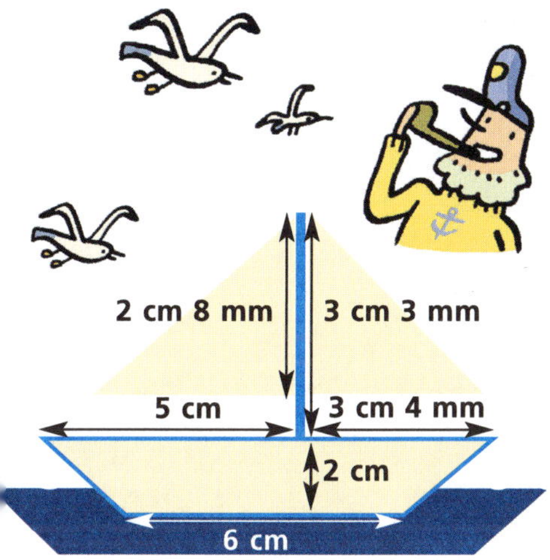

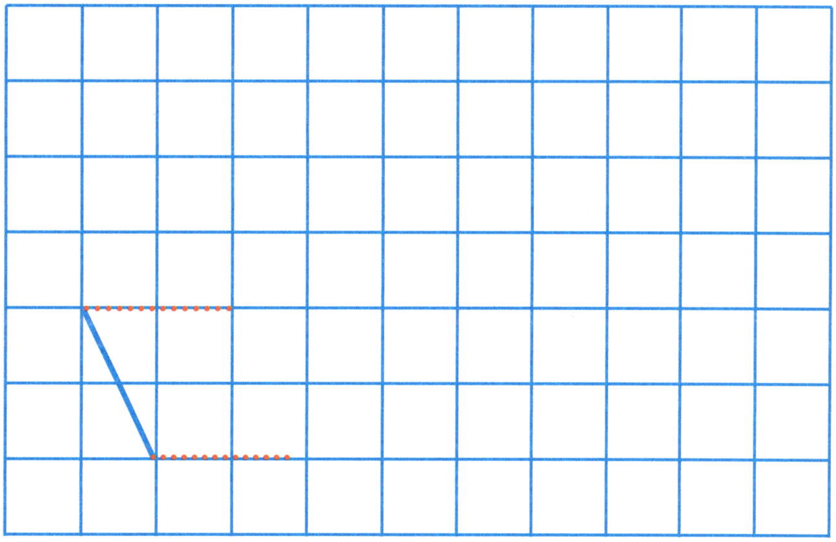

2 **Calcule le périmètre (contour) d'un stade de forme rectangulaire qui mesure 150 m de longueur (L) et 72 m de largeur (l).**

As-tu déjà assisté à des compétitions sportives ?
oui ❑ non ❑

Écris ton total
........./10 points

1 **Entoure le bon suffixe :**
le pilot ________ eur ement age
___ /1

2 **Lis le verbe, écris le nom correspondant.**
assouplir ses muscles ➤ un ____________________
___ /1

3 **Convertis les longueurs.**
9 km = _________ m
3 m = _________ cm
10 cm = _________ mm
___ /1

4 **Souligne l'intrus qui n'est pas formé du suffixe** *-if*.
sportif actif canif agressif
___ /1

5 **Retrouve le verbe formé du préfixe** *-re*.
met / re / tre ____________________
___ /1

6 **Vrai ou faux ? Le rectangle a 4 côtés égaux.**
Vrai ❑ Faux ❑
___ /1

7 **Barre la proposition impossible.**
courir 800 km courir 1000 m
___ /1

8 **Vrai ou faux ? Le corps humain a plus de 600 muscles.**
Vrai ❑ Faux ❑
___ /1

9 **Cite deux sports pratiqués en montagne.**
____________________ ____________________
___ /1

10 **Cite deux sports de combat.**
____________________ ____________________
___ /1

Mon ballon est ovale, je joue au : ________________

Réponse : Rugby.